PROPOSTA DE RELATO INTEGRADO PARA UMA INSTITUIÇÃO DE ENSINO SUPERIOR

Conselho Editorial

MAURO ROBERTO CLARO DE SOUZA

COLABORADORES

FERNANDO DE ALMEIDA SANTOS • ELIZIANE JAQUELINE DOS SANTOS • ANTONIO VICO MAÑAS

PROPOSTA DE RELATO INTEGRADO PARA UMA INSTITUIÇÃO DE ENSINO SUPERIOR

MATRIOSKA EDITORA

Publisher – Editorial: Luciana Félix
Publisher – Comercial: Patrícia Melo
Copidesque e preparação de texto: Roberta Resende
Revisão: Equipe Matrioska Editora
Editoração e capa: Marcelo Correia da Silva

Matrioska Editora
Atendimento e venda direta ao leitor:
www.matrioskaeditora.com.br
contato@matrioskaeditora.com.br
facebook.com/matrioskaeditora
instagram.com/matrioskaeditora

Dados Internacionais de Catalogação na Publicação (CIP)
(Câmara Brasileira do Livro, SP, Brasil)

Souza, Mauro Roberto Claro de
Proposta de relato integrado para uma instituição de ensino superior / Mauro Roberto Claro de Souza. -- São Paulo : Matrioska Editora, 2023.

ISBN 978-65-84999-10-7

1. Educação - Brasil 2. Ensino superior - Brasil 3. Governança 4. Pesquisa científica 5. Transparência I. Título.

23-157449 CDD-370.981

Índices para catálogo sistemático:

1. Educação : Brasil 370.981

Eliane de Freitas Leite - Bibliotecária - CRB 8/8415

Impresso no Brasil
2023

Agradecimentos

Gostaria de iniciar os agradecimentos ao Centro Universitário ENIAC e seu principal gestor Ruy Guérios. Há 38 anos estamos juntos nesse desafio que é se dedicar à EDUCAÇÃO no nosso país, com todas as dificuldades e adversidades, atuando sempre com muito empenho e engajamento.

Destaco também a participação importantíssima do Pedro Guérios, pela defesa e engajamento na proposta da metodologia deste trabalho.

Estendo os agradecimentos ao programa de Mestrado em Ciências Contábeis da Pontifícia Universidade Católica de São Paulo, pelo fortalecimento da metodologia de pesquisa e por aceitar a realização do trabalho sobre este tema.

Agradeço também a Coordenação de Aperfeiçoamento de Pessoal de Nível Superior por todo incentivo na realização do Mestrado.

E por fim agradeço aos Doutores que colaboraram com a pesquisa e com a realização do trabalho: Eliziane Jaqueline dos Santos, Antônio Vico Mañas e Fernando de Almeida Santos.

Prefácio

Há mais de 38 anos conheci o então aplicado estudante do curso técnico em processamento de dados, Mauro Roberto Claro de Souza. Eu ensinava lógica no Eniac, colégio de informática. Mauro se mostrou além de excelente aluno, estagiário de valor, que com muita resiliência e aplicação se transformou em parceiro e colega de luta aqui no Eniac, que cresceu muito e se desenvolveu.

Mauro foi parceiro no momento em que organizamos o primeiro sistema de gestão da qualidade numa escola em 1994 e também quando assumimos de forma inovadora o protagonismo de organizarmos o tripé da sustentabilidade da integração do Social, Ambiental e Econômico em 2004 no nosso grupo educacional.

Inovador e executivo, inovou na implantação do primeiro curso à distância no nível superior em 2003 e em seguida no técnico e profissionalizante.

Com a sua proposta de estudo no mestrado, organizou de forma simples e efetiva as bases para implantarmos o relato integrado no nosso Centro Universitário e podermos disseminar esse modelo de forma complementar ao modelo de autoavaliação junto às Instituições de Educação Superior – IES do SEMESP e do G7(consórcio com mais de nove centros universitários de excelência, espalhados no Brasil.)

Nessa mesma época, com o objetivo de reconhecer a relevância do processo de autoavaliação realizado pelas - IES, o Semesp criou um grupo de trabalho integrado por acadêmicos e especialistas de 11 IES de diferentes regiões do Brasil que representa a diversidade do sistema em termos de porte, tipo de organização acadêmica e localização geográfica, para desenvolver um novo modelo de autoavaliação institucional para a educação superior brasileira.

Visando alcançar esse propósito, o Semesp pretende difundir esse novo modelo de autoavaliação institucional no Brasil, por meio de uma reflexão coletiva, transparente e proativa sobre essa prática que, apesar de ser um dos eixos centrais das políticas públicas de avaliação da educação superior no país, não tem refletido satisfatoriamente a atuação de cada instituição em relação a sua identidade, especificidade, diversidade, protagonismo, relevância para sua região de influência, para seu autodesenvolvimento e ganho de maturidade.

Entendo que o modelo de relato integrado complementa esse importante estudo e que poderá ser testado pelas IES.

Muito orgulho de poder atuar junto com essa pessoa e profissional que é o Mauro e ainda acompanhado de nosso ilustre Professor Fernando de Almeida Santos, que orientou o Mauro na sua dissertação de mestrado.

Prof Msc Ruy Guérios

LinkedIn Ruy Guérios

Reitor do Centro Universitário de Excelência ENIAC

Diretor do SEMESP

Apresentação

Com alegria apresento este inovador trabalho de qualidade que aborda o Relato Integrado, um documento conciso sobre como acontece a estratégia, a governança, o desempenho e as perspectivas de uma organização, no contexto de seu ambiente, resultando na geração de valor em curto, médio e longo prazo. O Relato Integrado, além de possibilitar maior transparência institucional, pode ser uma poderosa ferramenta para a imagem institucional, transparência, melhoria contínua, avaliações internas ou externas e para compreensão da inserção institucional no contexto ético e sustentável.

A pesquisa possibilita a reflexão sobre a necessidade de instrumentos sustentáveis e contribui para a elaboração de Relatos Integrados para outras Instituições de Ensino Superior do Brasil e do Exterior.

Este estudo avalia o processo de implantação de um Relato Integrado e tem como objetivo a criação de uma proposta de avaliação em uma IES – Instituição de Ensino Superior, por meio da análise do documento no que se refere aos seus processos e os seus capitais.

Este livro finaliza em uma proposta de Relato Integrado para Instituições de Ensino Superior. O estudo não tem a pretensão de esgotar a discussão e nem apresentar um modelo ideal, mas fazer uma proposta inovadora com base na experiência de um importante Centro Universitário da Região Metropolitana de São Paulo. O Centro Universitário ENIAC possui, atualmente, mais de 30.000 alunos e diversos cursos de graduação e pós-graduação em diversas áreas, com 35 anos de existência.

A importância do Centro Universitário se deve não apenas ao seu porte, mas à sua excelência em colocação profissional, informatização e capacidade de gestão por meio de dados e indicadores e pelas políticas extensionistas. Também, a instituição foi selecionada pela acessibilidade de dados, pois o pesquisador de Mauro Roberto Claro de Souza, além de docente da casa, teve autorização para realização da pesquisa.

A Instituição contribuiu para a formação de mais de 30.000 alunos e comporta um adequado parque tecnológico para o desenvolvimento profissional mais próximo à realidade da região. Cabe mencionar que foi criado o CITIG (Centro de Inovação Tecnológica *Innovation* de Guarulhos), que possui como mantenedor o Centro Universitário ENIAC, com a finalidade de ser um centro de inovação em Guarulhos, mas também para atender a demandas específicas de integração das IES com o mundo corporativo na cidade e região.

A elaboração buscou seguir rigorosos controles para garantir a qualidade da pesquisa, tendo sido elaborado no Programa de pesquisa do Mestrado Profissional em Ciências Contábeis, Controladoria e Finanças da PUC-SP, programa muito tradicional, pois é o mais antigo do Brasil e reconhecido pela sua qualidade de ensino.

A pesquisa foi elaborada pelo Professor Mauro Roberto Claro de Souza, sendo que teve a colaboração do seu orientador, o Professor Fernando de Almeida Santos e dos pesquisadores doutores Eliziane Jaqueline dos Santos, da UNIFESP e Vico Mañas, da PUC-SP.

O modelo viabiliza a apresentação de dados financeiros e não financeiros para uma análise comparativa entre instituições de ensino, de diferentes regiões e tamanho com a possibilidade de verificação do seu impacto na sociedade e na sua região. Para tal, foi realizada uma pesquisa qualitativa, de característica exploratória, descritiva e experimental.

Portanto, a proposta de Relato Integrado pode ser adaptada para outras instituições de ensino, sendo inovadora, pois não foram encontradas outras instituições que a elaboram.

Logo, a pesquisa não pretende apresentar um modelo finalizado, mas criar uma proposta que atenda à realidade da instituição, Centro Universitário ENIAC, e que servirá como instrumento inicial para desenvolvimento de Relato Integrado em outras Instituições de Ensino do Brasil ou do Exterior.

O objetivo de converter a pesquisa em um pequeno livro e não em artigo científico é possibilitar maior capilaridade, pois, por meio de e-book acreditamos chegar a um maior número de instituições, além de buscar convertê-lo em um texto mais didático, sem todas as formalidades do mundo acadêmico.

Prof. Dr. Fernando de Almeida Santos
https://fernandoasantos.com.br/
Coordenador do Mestrado Profissional em Ciências Contábeis, Controladoria e Finanças da PUC-SP
Pesquisador do NUPA - ENIAC
Membro do Conselho de Notáveis do ICBR

Sumário

CAPÍTULO 1

Motivos da escolha do tema e objetivos

Criar e implantar o Relato Integrado em uma instituição de Ensino Superior no Brasil pode ser considerado uma inovação, pois, a qualidade das informações que poderão ser utilizadas contribuirá como uma ferramenta de avaliação e de comparação entre as demais instituições educativas.

Com essa visão, propõe-se um estudo de modelo específico para a criação de processos avaliativos e comparativos entre mercados e regiões distintas, trazendo um cabedal de indicadores sociais, ambientais e econômico-financeiros que possibilite transparência, por meio de uma abordagem inovadora e que permita mensurar as contribuições geradas pela IES na sua região, além de mostrar o seu verdadeiro impacto, interno e no entorno.

A pesquisa utilizou as informações do CENSO, disponibilizadas pelo MEC (Ministério de Educação), referentes ao ano de 2020, que contêm pesquisas e questionários realizados anualmente com todas as IES no território nacional. Tais informações apresentam uma visão qualitativa e quantitativa dos indicadores, descrevendo como a educação superior no Brasil está evoluindo ano a ano (gov.br/INEPE).

Com as informações nacionais, comparadas às institucionais, pôde-se observar o comportamento da Educação e formação dos alunos no Centro Universitário, baseados em informações gerais.

Por último, a pesquisa tratou a maior parte das informações já existentes aplicando a metodologia do *IR (Integrated Report International Framework)* na descrição dos Capitais (capital financeiro, capital humano, capital intelectual, capital manufaturado, capital natural, capital social e capital de relacionamento).

Após a análise desses dados, foi criada uma proposta de Relato Integrado para a Instituição de Ensino Superior que possibilita avaliá-la e compará-la em relação às cinco dimensões da Ética Empresarial citadas por Álvares, Giacometti e Gusso (2008): sustentabilidade, respeito à multicultura, aprendizado contínuo, inovação e governança corporativa.

1.1 Justificativa

De um lado, o presente estudo justifica-se pela proposta de iniciar um novo marco de acompanhamento e controle do ensino superior, especificamente no Centro Universitário ENIAC, pela possibilidade de utilização dos indicadores para avaliar o progresso e a diferença que a instituição promove em sua comunidade e entorno.

Outro ponto de destaque é a proposta de gerar indicadores que as Instituições de Ensino possam usar como referência para avaliar os capitais contemplados pelo Relato Integrado, muito além da parte financeira, mas que compreenda os reais impactos sociais, de mudanças, evoluções e melhorias para a sua região. Além disso, o Relato Integrado se aplicada ao criar uma massa de dados que permita comparar a educação em diferentes instituições e países, com análises temporais que oportunizam melhorias efetivas.

Assim, o estudo também é justificado por apresentar uma proposta de criação de indicadores de comparação de desempenho dentro do segmento da educação, com escolas de ensino superior e, a partir dessa implantação, que possibilite verificar a real contribuição das IES nas várias frentes de trabalho, avaliar os diferentes agentes e facilitar a verificação da sua evolução socioeconômica, seu papel educativo e de intervenção social.

Neste estudo, a referência é uma empresa familiar em que os destaques, segundo Fontes Filho e Leal (2011), corroboram todos os aspectos que estão sendo estudados e tratam da melhor forma de aplicação na realidade do negócio. Os desafios que certamente rodeiam esse processo podem ser mitigados com a implantação de boas práticas de governança corporativa, oferecendo cada vez mais clareza e papéis bem definidos a todos.

O IBGC (Instituto Brasileiro de Governança Corporativa) em 2013 apresentou as Empresas Familiares como um tema central em seu congresso anual, reforçando o reconhecimento e a necessidade de ter um espaço para a troca de experiências e difusão desse campo do conhecimento.

Para Fontes Filho e Leal (2011), são abordagens da governança corporativa em empresas familiares de capital aberto, isto é, não listadas na bolsa: os círculos da propriedade e a confusão patrimonial, a gestão no que tange à remuneração de capital e de trabalho, além de seus conflitos de interesses. Observam ainda que essas também passam pelo processo de sucessão, desde os bastidores da saída de cena à transição do conselho consultivo, a definição do sucessor membro da família, o afastamento dos participantes familiares e o recrutamento de um executivo não membro familiar.

O Centro Universitário ENIAC trabalha na busca de formação de cidadãos e na conscientização da comunidade, por meio de práticas e de ações sustentáveis, evidenciando em sua missão a vocação de "educar e formar para obter o sucesso na vida, sendo competentes no mercado de trabalho, responsáveis socialmente e atuantes na preservação do meio ambiente". Ainda, tem como referência "a ética, o diálogo e o respeito com as gerações futuras". E sua visão de mercado é "ser um centro de excelência de educação, capacitação profissional, difusão cultural e um catalisador no progresso e no desenvolvimento da sociedade" (AUTOR, data/fonte das três citações e não esquecer de inserir nas referências finais).

Os valores são parte da composição mais importante de todas as relações da instituição, sendo eles:

i. foco no aprendizado prático ancorado numa base conceitual consistente, tornando o aluno o principal agente da aquisição de competências;

ii. inovação tecnológica a serviço do ensino;
iii. disciplina, ordem e segurança, como pré-requisitos para o desenvolvimento;
iv. a sinergia e o comprometimento da equipe como agentes de transformação da formação dos alunos;
v. valorização e estímulo ao empreendedorismo; e (vi) responsabilidade social e respeito ao meio ambiente.

Portanto, a pesquisa justifica-se pela oportunidade de ser desenvolvida na IES citada, por serem considerados os seguintes fatores.

a. A importância do RI (Relato Integrado) e da ética

O RI contribui com visões diferentes que podem ser acrescidas às que normalmente são utilizadas, como prestação de contas à sociedade e segundo a Estrutura Internacional para o Relato Integrado (2013) visa:

- melhorar a qualidade da informação disponível a provedores de capital financeiro permitindo uma alocação mais eficiente e produtiva;
- promover uma abordagem mais coesa e eficiente do relato corporativo, que aproveite diversas vertentes de relato e comunique a gama completa de fatores que afetam de forma material a capacidade de uma organização gerar valor ao longo do tempo;
- melhorar a responsabilidade pela gestão da base abrangente de capitais (financeiro, manufaturado, intelectual, humano,

de relacionamento e natural) e fomentar o entendimento de suas interdependências; e

- apoiar a integração do pensamento, da tomada de decisão e das ações que focam a geração de valor no curto, médio e longo prazo. Os indicadores normalmente utilizados são os econômico-financeiros e abrem-se possibilidades de trabalhar com outros indicadores ligados ao social e ambiental, incluindo os de relacionamento com a comunidade por meio dos seus *stakeholders*.

Essa aplicação tem o propósito de abordar um dos componentes dessa estrutura que constitui as políticas éticas corporativas, considerando as suas cinco dimensões: sustentabilidade, respeito à multicultura, aprendizado contínuo, inovação e governança corporativa.

É destacado que o Centro Universitário ENIAC passou a utilizar o termo compliance como uma proposta de ação, que significa "agir de acordo com a regra", representando as diretrizes preconizadas no código de conduta ética para o negócio e para as atividades institucionais e preservando a busca da gestão do processo de conduta ética da instituição. Para Gonçalves (2012) é prerrogativa do seu conselho de administração estabelecer a estrutura e os instrumentos utilizados para evitar, detectar e tratar desvios ou não conformidade que possam ocorrer.

b. Transparência e relação com os stakeholders

Com o desenvolvimento da proposta, busca-se aumento na transparência por meio da divulgação dos dados e, consequentemente, a melhoria na forma de acompanhamento e controle dos diversos agentes, como: alunos, docentes, funcionários técnicos e administrativos, terceirizados, empregadores, fornecedores, familiares, governo local, entidades reguladoras, comunidade local, além de parceiros e pessoas, que de alguma forma são beneficiados com a instituição, inclusive o comércio local.

Segundo Fontes Filho e Leal (2011), as instituições, a partir do momento em que são criadas, empregam e envolvem pessoas, por isso necessitam prestar contas para a sociedade. Nesse momento os instrumentos são relevantes para a transparência, para a segurança dos envolvidos e até para a tomada de decisão institucional ou pessoal.

c. Sustentabilidade e desenvolvimento local

A pesquisa busca contribuir com a sustentabilidade e o desenvolvimento local a partir da instituição pesquisa, o Centro Universitário ENIAC, localizado na cidade de Guarulhos, considerada uma referência socioeconômica da região metropolitana de São Paulo.

Conforme o Caderno Econômico de Guarulhos (GUARULHOS, 2019), é destacada a importância da indústria de transformação para a cidade, pois embora sua participação venha diminuindo nos últimos anos, em especial em 2015 e 2016, ainda concentra grande parte da geração de emprego e renda do município. Dentro desse cenário devemos observar com atenção a indústria farmoquímica, que tem se mostrado resiliente diante da queda do setor, mantendo franco crescimento em pleno auge da crise econômica.

Também, de acordo com o Caderno Econômico de Guarulhos (GUARULHOS, 2019) há outros setores da economia na cidade que têm se destacado, são aqueles que envolvem as atividades logísticas e aeroportuárias, representados pelas divisões Transporte Aéreo; Armazenamento e Atividades Auxiliares dos Transportes e Transporte Terrestre. Ao analisar o salário médio, a massa salarial e a geração de empregos formais, estes também demonstraram certa resiliência diante da crise econômica enfrentada pelo país em 2019 e com forte impacto na região.

A proposta pode contribuir para reunir indicadores, a fim de melhor conhecer as necessidades da comunidade, respeitando a sua integridade cultural e colaborando por meio de ações sociais para elevação de seu padrão de vida, além de gerar estímulos à participação dos alunos, pais e colaboradores em assuntos cívicos e eventos comunitários, por meio de canais de diálogo adequados para orientar a comunidade quanto ao desenvolvimento de programas de abrangência social, atividades comunitárias, de trabalho voluntário e de inclusão.

d. Valorização da cultura e da multicultura

O desenvolvimento traz a busca da ascensão acadêmica e da evolução cultural, tornando o cidadão bem-sucedido interessado no ensino superior, pois propicia o tão almejado sonho da estabilidade financeira e a obtenção do sucesso na carreira profissional.

É fundamental mencionar que uma das principais portas de entrada para esse mercado é o diploma de ensino superior em uma instituição de ensino de qualidade. A educação superior é requisito prévio para qualquer profissional que busca o crescimento de sua carreira. A capacitação e a qualificação profissional complementam-se e constituem condição sine qua non para conseguir posições bem remuneradas e o acesso a vagas nesse cenário atual.

Dados do IBGE (Instituto Brasileiro de Geografia e Estatística) em 2019 mostram que o número de desempregados no Brasil é superior a 12,6 milhões. Com esse alto índice de não empregados, o ensino superior completo torna-se necessário e um diferencial para muitos profissionais. Diante desse cenário, o Ministério da Educação informa ainda que mais da metade dos brasileiros com 25 anos ou mais não concluiu a educação básica e, apenas 16,5% da população brasileira possui ensino superior completo (BRASIL, 2019).

Além oportunizar o aumento da escolarização, a educação superior contribui de forma substancial na região, no que se refere à necessidade de importação de profissionais de grandes metrópoles, podendo produzir seus próprios especialistas. A expansão das ocupações dos postos de trabalho com profissionais especializados é cada vez maior no mercado, sendo a formação superior o requisito mínimo desejável para início das atividades trabalhistas.

Esse maior conhecimento e o desenvolvimento do senso crítico contribui para a valorização de múltiplas culturas e da cidadania, principalmente em uma cidade multicultural, como Guarulhos.

e. Perfil da cidade

Para finalizar, destaca-se que cada ação se adequa ao perfil de Guarulhos. Para o melhor delineamento da região, utilizamos como referência o *site* oficial da cidade, no qual se observam algumas características importantes que corroboram essa proposta deste estudo.

De acordo a pesquisa publicada em julho de 2019 pelo IBGE, Guarulhos é o segundo maior município da região metropolitana de São Paulo, o 13º do Brasil em população, a 52ª cidade mais populosa do continente americano, com 1.404.694 habitantes, possui uma área de 319,19 km^2 e está estrategicamente localizada, a apenas 17 km do centro de São Paulo, entre as duas das principais rodovias nacionais: a Via Dutra, eixo de ligação de São Paulo ao Rio de Janeiro e a Fernão Dias, que liga São Paulo a Belo Horizonte.

A cidade conta ainda com a Rodovia Ayrton Senna, uma das mais modernas do país, que facilita a ligação de São Paulo diretamente ao Aeroporto Internacional de Guarulhos, por meio da rodovia Hélio Smith, além de estar interligada ao complexo viário Jacu-Pêssego, sendo o menor caminho até o Porto de Santos, com 108 km. Ainda, na área de mobilidade urbana, em breve deve ser inaugurado o trecho Norte do Rodoanel Metropolitano, que definitivamente colocará a cidade na ponta do setor de logística.

Tradicionalmente predominam em Guarulhos empresas do setor industrial, como metalúrgicas e autopeças, mas nos últimos anos a cidade vem passando momentos difíceis com o êxodo ou fechamento de empresas. Entretanto, sua localização privilegiada atraiu a atenção de investidores imobiliários que enxergaram seu potencial para a distribuição logística. Nesse sentido, o município desenvolve-se e se atualiza dentro das novas tecnologias que contribuirão ainda mais para o que este estudo oferece em termos de serviços públicos e soluções à população por meio de inovação tecnológica.

Portanto, desenvolver e implantar um Relato Integrado no Centro Universitário ENIAC, baseado em informações internas ou externas, possibilita:

- comparar e posicionar o Centro Universitário em análise em relação às demais IES brasileiras;
- avaliar o impacto na região da formação de egressos e projetos aplicados;
- avaliar a ascensão pessoal, profissional e por fim econômica, por meio da empregabilidade e do aumento de renda advindo da progressão de carreira;
- realizar análise comparativa de dados por meio dos seus capitais aumentando a sua capacidade de gerar valor no curto, médio e longo prazo; e
- ampliar a transparência e prestar contas para a sociedade.

1.2 Problema da pesquisa

Segundo a NBR 16000 (ABNT, 2004) "o desenvolvimento sustentável visa suprir as necessidades do presente, sem comprometer a capacidade de gerações futuras". Além disso, ensina Santos (2015) que a ética deve ser integrada a todos os processos e implementada por meio de um código de conduta respeitando as suas cinco dimensões: 1. sustentabilidade, aspectos: ambientais, econômicos, sociais; 2. respeito à multicultura; 3. aprendizado contínuo; 4. inovação; e 5. governança corporativa.

Para que sejam eficientes os processos de acompanhamento de todos os Objetivos de Desenvolvimento Sustentável postos como meta pela Organização das Nações Unidas e que demonstram de forma clara os objetivos que são aplicados ou não e a forma que contribuem para acabar com a pobreza, proteger o meio ambiente, o clima e garantir que as pessoas, em todos os lugares, possam desfrutar de paz e de prosperidade, é necessário que as Instituições Ensino Superior mensurem e avaliem as suas contribuições para a sociedade, entretanto, muitos são os desafios para demonstrar a participação de uma IES no desenvolvimento da região e sua contribuição no progresso socioeconômico.

Este projeto possibilita a criação e a implantação do Relato Integrado num Centro Universitário, buscando entender e avaliar o modelo de contribuição efetiva no contexto da sua região, podendo ser utilizado como norteador para que outras instituições de ensino façam suas comparações e avaliações.

Problema de pesquisa.

Diante do exposto, levanta-se a seguinte questão de pesquisa: Quais indicadores podem ser relevantes para a construção de um Relato Integrado para uma Instituição de Ensino Superior?

Considerando, portanto, essa problematização busca-se desenvolver um relato integrado em uma IES, que possa ser utilizado como referência para comparação dos indicadores de sustentabilidade, considerando os aspectos sociais, ambientais, econômicos e multiculturais. Observa-se ainda que a temática é relevante para as avaliações, pois, hoje as instituições são avaliadas no âmbito internacional, nacional e institucional por outras do setor público e privado.

1.3 Objetivos

Nos pontos seguintes são abordados os objetivos deste estudo, que foram elaborados como geral e desmembrados em suas especificidades.

1.4 Objetivo geral

O objetivo geral da pesquisa consiste em construir uma proposta de Relato Integrado para um Centro Universitário que possibilite maior transparência e que atenda aos princípios da ética corporativa e do desenvolvimento sustentável aplicado.

Com esse objetivo, busca-se elaborar uma proposta de levantar dados financeiros e não financeiros e contribuir para que outras IES, por meio de levantamento e organização dos seus dados, possam também realizar suas comparações, avaliações e possibilidades de tomada de decisão estratégica.

Objetivos específicos

Os objetivos específicos são focados em desmembrar os elementos a seguir em suas respectivas esferas: 1. identificar indicadores que contribuam conjuntamente para a sustentabilidade e para a transparência dos capitais previstos no Relato Integrado; e 2. validar com a comunidade interna os demonstrativos apresentados por meio de pesquisas.

Vale ressaltar que a proposta considera a realidade do Centro Universitário e o contexto da cidade de Guarulhos.

CAPÍTULO 2

Ética e os demonstrativos sociais, ambientais e econômico-financeiros

2.1 Ética

A Ética Empresarial busca assegurar condutas e códigos a serem respeitados por fatores que norteiam a qualidade e o comportamento das empresas, tornando-as explícitas e transparentes.

Segundo Santos (2015), a compreensão, elaboração e implantação do processo de ética empresarial leva em consideração a globalização mundial e as diferenças individuais, pois são aspectos que se desenvolvem de maneira combinada e paralela, de forma que as pessoas, as empresas e o Estado devem se unir com o objetivo de construir uma sociedade mais justa, solidária, ética, sustentável e com responsabilidade social.

A ética representa as características de um grupo, portanto, representa a forma de agir do coletivo em relação a sua cultura ou ao seu comportamento nessa sociedade; o conceito, porém, evolui na história, podendo ser considerado um caráter ou um conjunto de princípios e valores morais que norteiam a conduta humana na sociedade (SANTOS, 2015).

Para Tripe bottom line da sustentabilidade Elkington (1997), nas organizações a representação dessas cinco dimensões refletem vários aspectos, dos quais podemos citar:

i. sustentabilidade organizacional através do *Triple Botton Line* ou Tripé da Sustentabilidade da integração do Social, Ambiental e Econômico: busca viabilizar o equilíbrio com o desenvolvimento econômico, o crescimento sustentável, o ecossistema e o meio ambiente;

ii. respeito à multicultura: totalmente interligado com o item anterior, quando a vida social, a ambiental e a econômica impactam diretamente nos mecanismos que envolvem a comunidade. Segundo Santos (2015) é respeitando ainda aspectos como a vida, a valorização do indivíduo, o ecossistema e as diferenças culturais, religiosas, étnico-raciais, entre outras, que a comunidade se sustenta;

iii. o aprendizado contínuo: menciona Santos (2015) que é um processo de transformação e mudança constante, especialmente na atualização e qualificação dos profissionais, em relação a novas tecnologias para o desenvolvimento da sustentabilidade e da responsabilidade social;

iv. a inovação: unida à dimensão anterior, permite o desenvolvimento de políticas de incentivo à organização para atender às necessidades e realidades institucionais. Santos (2015) sinaliza que todo processo de inovação também se faz com a implantação e acompanhamento dentro do contexto éticos corporativos; e

v. governança corporativa, conceito que reúne todas as definições do modelo de gestão da organização. Segundo o IBGC (2013) essa abordagem deve trazer transparência, equidade, todo o processo de prestação de contas (*accontability*) como também a responsabilidade corporativa. Para mais,

> [...] Governança Corporativa é o sistema pelo qual as organizações são dirigidas, monitoradas e incentivadas, envolvendo as práticas e o relacionamento entre os proprietários, conselho administrativo, diretoria e órgãos de controle. As boas práticas de Governança Corporativa convertem princípios em recomendações objetivas, alinhando os interesses com a finalidade de preservar e aperfeiçoar o valor da organização, facilitando o seu acesso ao capital e contribuindo para a sua longevidade (IBGC, 2013, p.19).

Para Santos e Santos (2015) o desenvolvimento de políticas éticas corporativas possibilita melhor vida em grupo, a melhoria da sociedade e o respeito dos indivíduos no contexto social.

Ainda, explica Weber (2018) que a utilização do programa de *compliance* como paradigma de governança corporativa no meio empresarial envolve a almejada regulação de mercado com uma maior segurança na gestão de riscos e de seus efeitos.

No mesmo sentido seguem as lições de Ferreira (2018), para quem tal ação valoriza bastante o processo de prestação de contas pelos princípios básicos da Governança Corporativa, a cooperação e desenvolvimento econômico, sendo eles:

a. *fairness* (justiça): utilizando-se o princípio da equidade, é concedido tratamento justo para todos os acionistas, além de clareza e consistência nos contratos com provedores de recursos;
b. *disclosure* (divulgação): transparências nas operações junto a todos os agentes envolvidos;
c. *accontability* (prestação de contas): deve servir de alicerce para auditorias independentes atestarem que as informações prestadas pela empresa são verídicas; e
d. *compliance* (guia de princípio e valores): sistema de conformidade eficaz e forma prática e responsável para garantir a disciplina das relações internas e externas, bem como administrar conflito de interesse com total transparência.

Nesse sentido, menciona Governança Corporativa: Fundamentos, Desenvolvimentos e Tendências; Rossetti (2014) que os demonstrativos também devem trabalhar com "8 Ps" do processo de Governança Corporativa, de forma a melhor retratar e organizá-los em 1. propriedade; 2. princípios; 3. propósito; 4. papéis; 5. poder; 6. prática; 7. pessoas; e 8. perpetuidade.

Colabora com o tema Gonçalves (2012), segundo o qual para as empresas serem viáveis e bem-sucedidas, necessitam alinhar e organizar a sua estrutura, as suas atividades e seus processos às estratégias definidas, com os planos e promessas aos *stakeholders* e conformidade do *Compliance*.

Com esse viés, Zarpelon (2006) destaca os pontos básicos da RS (Responsabilidade Social), classificando o ambiente organizacional, quanto à formalidade e à tangibilidade, em interno e externo, formal ou informal e de natureza privada, pública ou governamental, ligando-se sempre a fatores mensuráveis e subjetivos. Assim, a tangibilidade do processo é relevante para facilitar o entendimento e a busca incessante da melhoria contínua dos resultados na prática.

A partir dessas perspectivas, busca-se a implantação de um sistema de gestão em responsabilidade social que vença todas as barreiras culturais e a implementação de processos de mudanças, com todas as fases de execução respeitadas, ou seja, da definição e diagnóstico até a manutenção do sistema desenhado para aquela realidade.

Colocando o compliance em uma visão prática, Antonik (2016) traça algumas considerações importantes para a efetividade da Governança Corporativa, sendo elas: a ética, a responsabilidade social e empresarial e o entendimento de todos os processos. Para ele, a estruturação organizacional e a sua padronização são fundamentais para a criação de um ambiente favorável à implementação da governança. O autor menciona ainda que o *compliance*, a ética e a responsabilidade social são princípios que devem estar muito bem encaixados nesse modelo, trazendo a necessidade de acompanhar e certificar as boas práticas de uma empresa socialmente responsável.

Reforça Santos (2015) que é necessária a compreensão de todos os componentes essenciais para a elaboração e implantação do compliance, levando em consideração a importância dentro da instituição, pois cria e incentiva um ambiente favorável com respeito a sua cultura em pontos que forem divergentes.

Para Arruda (2002), a ética deve ser integrada a todos os processos da organização, servindo como ferramenta para guiar o comportamento em ambientes internos e externos, nos diferentes níveis hierárquicos e abrangendo toda a cadeia produtiva.

Assim, a adesão de todos os envolvidos, o comprometimento com os processos, a melhor estrutura de planejamento e o entendimento de tudo que deve ser feito assegura a disseminação da cultura, viabiliza e cria um ambiente favorável para a implantação do *compliance* de forma padronizada e normatizada. Além disso, com a total capacitação técnica para o uso e aplicação de ferramentas que auxiliem essa gestão é possível identificar problemas, analisar e localizar a sua causa provável, provendo soluções forma adequada e favorável para o negócio.

2.2 Vantagens e objetivos dos demonstrativos sociais, ambientais e econômico-financeiros

Menciona Santos (2015) que foram construídos os seguintes instrumentos para a criação de demonstrativos social e ambiental: "1. o Balanço Social; 2. DVA (Demonstração do Valor Adicionado); 3. NBCT-15 (Norma Brasileira de Contabilidade Técnica - 15); 4. Relato Integrado (p.44)", possibilitando a comparação de períodos diferentes, empresas e segmentos, bem como, a divulgação do comportamento, as ações sociais e ambientais e a ampliação da transparência institucional, possibilitando que as organizações prestem contas para os acionistas, funcionários, terceirizados, parceiros de negócios, governo, comunidade externa, entre outros.

É imprescindível dizer que para a elaboração do balanço social é recomendável o uso da NBCT-15 (Norma Brasileira de Contabilidade Técnica - 15), podendo a empresa ou instituição utilizar-se do Relato Integrado como o instrumento de prestação de contas para o mercado, refletindo dessa maneira nos indicadores que possibilitam a análise da organização em seu próprio cenário.

A norma NBCT-15 estabelece os procedimentos para evidenciar as informações de natureza social e ambiental, com o objetivo de demonstrar à sociedade a participação e a responsabilidade social da entidade. A seguir apresenta-se a síntese do modelo dessa norma:

i. **geração e distribuição de riqueza**
ii. **recursos humanos**
   - remuneração e benefícios concedidos aos empregados, administradores, terceirizados e autônomos;
   - evidências que devem constar nas informações relativas à composição dos recursos humanos; e
   - evidências que devem constar nas informações relativas às ações trabalhistas movidas pelos empregados contra a entidade.

iii. **integração da entidade com o ambiente externo**
   - evidências que devem constar nas informações totais, os investimentos relativos à interação com a comunidade; e

- evidências que devem constar nas informações relativas à interação com os clientes, nas informações relativas aos fornecedores, a entidade deve informar se utiliza critérios de responsabilidade social para a seleção de seus fornecedores.

iv. interação com o Meio Ambiente

Com o crescimento da preocupação da sociedade pelo desenvolvimento sustentável, responsabilidade social e experiências corporativas, o Ibase (Instituto Brasileiro de Análises Sociais e Econômicas) destaca:

> [...] **1. Balanço Social:** Um instrumento que foi muito importante pela utilização das empresas e pela sensibilização da sociedade. Ainda é utilizado, mas limitado, pois possui muitos dados isolados; **2. DVA (Demonstrativo do Valor Adicionado):** Demonstrativo que faz parte do Balanço Social. Demonstra o percentual destinado dos recursos para Pessoal, Impostos, Taxas e Contribuições, Remuneração de Capital de Terceiros, Remuneração de Capital Próprio e outros. Com a Lei n° 11.638, de 2007, a elaboração e divulgação do DVA passou a ser obrigatório para as companhias abertas; **3. NBC T (Norma Brasileira de Contabilidade Técnica - 15):** Informações que aprovaram a NBC T 15, demonstrativos que criam parâmetros para as demonstrações de natureza social e ambiental. A norma, apesar de não obrigatória, é um avanço, pois normatiza as demonstrações; **4. Relato Integrado:** Consiste em uma tendência internacional de criação de um demonstrativo que possibilite integrar as informações financeiras e não financeiras, apresentando uma visão mais abrangente e uma análise mais consistente e global. (IBASE, ano tal)

Logo, quando se compreende a relevância dos demonstrativos e as tendências de mercado, principalmente no que diz respeito aos indicadores de natureza social e ambiental é possível tratar com transparência os resultados e viabilizar o uso destes para a prestação de contas. Além disso, ao associar os demonstrativos contábeis financeiros aos de natureza social e ambiental, podemos trabalhar as informações com maior transparência.

2.3 Valor da Marca

A marca é definida, segundo Keller (1993), como um nome, termo, *design*, símbolo, ou qualquer outro aspecto que identifica um produto ou serviço de um vendedor como diferente dos outros vendedores. Para o mesmo autor, uma marca pode identificar um item, uma família de itens, ou todos os itens daquele vendedor. Dessa forma, a sua mensuração é o resultado financeiro da habilidade e gestão para potencializar a força da marca por meio de ações táticas e estratégicas.

2.4 Valor médio por aluno *per capita*

Segundo Hoffmann; Ney (2008), quando esse índice é calculado, pode-se verificar o valor individual e a sua representatividade. Ou seja, o valor médio por aluno *per capita* é índice que representa, em valores, o aluno como um patrimônio, pois indica o valor individual em relação ao valor total de todos os alunos.

CAPÍTULO 3

Relato integrado

Todo Relato Integrado é desenvolvido em aderência e consonâncias aos ODS (Objetivos de Desenvolvimento Sustentável), também conhecidos como Metas do Milênio, apresentadas em 17 objetivos pela ONU, e aos critérios ESG, diretrizes capazes de demonstrar que as empresas fazem investimentos éticos responsáveis, com atenção não somente às áreas financeiras, como também, às não financeiras. Faz-se saber:

> 1. Acabar com a pobreza em todas as suas formas, em todos os lugares; 2. Acabar com a fome, alcançar a segurança alimentar e melhoria da nutrição e promover a agricultura sustentável; 3. Assegurar uma vida saudável e promover o bem-estar para todas e todos, em todas as idades; 4. Assegurar a educação inclusiva e equitativa e de qualidade, e promover oportunidades de aprendizagem ao longo da vida para todas e todos; 5. Alcançar a igualdade de gênero e empoderar todas as mulheres e meninas; 6. Assegurar a disponibilidade e gestão sustentável da água e saneamento para todas e todos; 7. Assegurar o acesso confiável, sustentável, moderno e a preço acessível à energia para todas e todos; 8. Promover o crescimento econômico sustentado, inclusivo e sustentável, emprego pleno e produtivo e trabalho decente para

> todas e todos; 9. Construir infraestruturas resilientes, promover a industrialização inclusiva e sustentável e fomentar a inovação; 10. Reduzir a desigualdade dentro dos países e entre eles; 11. Tornar as cidades e os assentamentos humanos inclusivos, seguros, resilientes e sustentáveis; 12. Assegurar padrões de produção e de consumo sustentáveis; 13. Tomar medidas urgentes para combater a mudança climática e seus impactos; 14. Conservação e uso sustentável dos oceanos, dos mares e dos recursos marinhos para o desenvolvimento sustentável; 15. Proteger, recuperar e promover o uso sustentável dos ecossistemas terrestres, gerir de forma sustentável as florestas, combater a desertificação, deter e reverter a degradação da terra e deter a perda de biodiversidade; 16. Promover sociedades pacíficas e inclusivas para o desenvolvimento sustentável, proporcionar o acesso à justiça para todos e construir instituições eficazes, responsáveis e inclusivas em todos os níveis; e 17. Fortalecer os meios de implementação e revitalizar a parceria global para o desenvolvimento sustentável (NAÇÕES UNIDAS BRASIL, 2016).

A seguir, a figura 1 ilustra a Ficha Técnica (ODS Brasil) com as definições de metas descritas anteriormente, de acordo com o site da ONU.

Fonte: NAÇÕES UNIDAS BRASIL, 2016.

A figura 01 permite identificar os 17 objetivos do desenvolvimento sustentável, dos quais serão selecionados os que se encaixam neste processo de análise comparativa que se dá por meio do Relato Integrado, dando base e suporte para as ações que estão sendo desenvolvidas por meio deste estudo.

Segundo a IIRC (Estrutura Internacional para o Relato Integrado), o RI possibilita:

> [...] 1. Melhorar a articulação da estratégia para o negócio e como o seu modelo de negócio está respondendo às novas necessidades e expectativas de mercado; 2. Permitir um melhor diálogo entre a empresa e os fornecedores do capital financeiro; 3. Desenvolver departamentos mais conectados e quebrar áreas fechadas; 4. Aprimorar os processos internos; e 5. Reduzir curso de capital (IIRC 2014).

Além disso, a IIRC (2014) propõe que os objetivos a serem alcançados com o Relato Integrado sejam:

> - Estimular uma abordagem mais integrada e eficiente para os relatórios corporativos que comunicam diversos fatores relevantes que afetam a capacidade de uma organização criar valor no decorrer do tempo;
> - Informar a alocação de capital financeiro que suporta a criação de valor no curto, médio e longo prazo;
> - Aprimorar a responsabilidade da administração com relação às várias formas de capitais (financeiro, manufaturado, intelectual, social, humano, natural e de relacionamento) e promover o entendimento da interdependência entre

eles, fazendo com que esse relato seja utilizado pela administração na gestão do negócio de forma cotidiana;

- Suportar a tomada de decisão e ação focada na criação e valor a curto, médio e longo prazo, apoiando também as necessidades de formação dos investidores;

- Refletir exatamente as interconexões entre os fatores financeiros, ambientais, sociais, e de governança nas decisões que afetam o desempenho, inclusive no longo prazo, deixando clara a relação entre a sustentabilidade e o valor econômico.

Ainda, os artigos apresentados no Quadro 01 demonstram que o Relato Integrado apresenta-se como uma ferramenta muito importante para a análise e avaliação dos dados trazidos pela instituição, estruturando-a como uma base de informação estratégica.

Quadro 1: Artigos de Referência p.1

Artigo	Autor/Ano	Publicação
Explorando la divulgación de información integrada por universidades colombianas. Un análisis de páginas web basado en el marco del IIRC	Salamanca-López, Diana Yamile; Suárez-Rico, Yuli Marcela; Gimeno-Ruiz, María Amparo (2021)	*Revista Contaduria* https://doi.org/10.17533/udea.rc.n79a07
A informação integrada é apresentada como um fenômeno recente a que várias organizações se referiram de forma simplificada, mas completa, sobretudo a sua gestão em relação a vários tipos de capital. Embora tenha sido desenvolvida predominantemente em empresas privadas, internacional-		

mente é reconhecido que outros tipos de organizações, como universidades, divulgam essas informações ou têm a necessidade e o potencial para elas. O artigo de referência tem como objetivo analisar em que medida as informações solicitadas para a construção de um relato integrado são apresentadas de acordo com os requisitos do Marco Conceitual do IIRC e que já são divulgadas na *internet* pelas universidades colombianas incluídas no *ranking* QS 2019.

Artigo	Autor/Ano	Publicação
The challenge of sustainability and integrated reporting at universities: A case study	Isabel Brusca; Margarita Labradora; Manuel Larranb (2020)	*Journal of Cleaner Production* https://www.sciencedirect.com/science/article/abs/pii/S0959652618309727

Este estudo contribui para a pesquisa sobre relatos integrados e de sustentabilidade em instituições de ensino superior no contexto de relatos voluntários, concentrando-se em uma universidade espanhola inovadora. Ele examina os desenvolvimentos para a implementação de relatos integrados de sustentabilidade nesta instituição, analisando criticamente o quê, porque, quem e como os novos modelos de relatos foram implementados. O artigo apresenta um estudo de caso, utilizando análise documental e dados qualitativos a partir de entrevistas semiestruturadas. Os resultados mostram que o relato está principalmente focado nos valores sociais e de sustentabilidade e não pode ser considerado um Relato Integrado que conecta todos os capitais criando valor. O principal motor tem sido os interesses dos stakeholders, representados pelo conselho social da univer-

sidade, com o objetivo de aumentar a competitividade e atingir os objetivos da terceira missão. O artigo contribui apontando os desafios e principais questões do processo de implementação. Uma questão importante para uma implementação bem-sucedida é introduzi-la como uma ferramenta de gestão e responsabilidade e, vinculá-la aos objetivos estratégicos da organização. Isso pode ser usado para processos de aprendizagem em outras universidades que desejam seguir este caminho.

Fonte: Elaborado pelo autor (2021)

No artigo do Quadro 02 verifica-se a possibilidade que o Relato Integrado apresenta de comparação entre empresas, inclusive, de continentes diferentes, pois utilizando a mesma linha e conceito de atuação são verificados ainda os valores agregados e gerados pela relação dos resultados.

Quadro 2: Artigos de Referência p.2

Artigo	Autor/Ano	Publicação
The influence of integrated thinking on corporate performance: the mediating role of publishing an integrated report	Van Hulst, Kevin (2021)	*Faculteit der Management wetens-chappen*
Este estudo examina se o pensamento integrado influencia o desempenho corporativo para uma amostra de empresas europeias listadas durante os anos de 2014-2019. Além desse efeito direto, este trabalho também investiga o potencial efeito indireto do pensamento integrado		

no desempenho corporativo por meio da publicação de um relato integrado. Usando modelagem de equação estrutural com efeitos defasados, os resultados mostram que o pensamento integrado afeta positivamente o desempenho não financeiro da empresa e o desempenho corporativo. Por outro lado, os resultados não indicam que o pensamento integrado está afetando significativamente o desempenho financeiro da empresa. Finalmente, este estudo não encontrou nenhuma associação significativa entre a publicação de um Relato Integrado e o desempenho financeiro, não financeiro e corporativo da empresa. Portanto, este estudo não encontrou nenhuma evidência empírica de que o pensamento integrado está positivamente relacionado ao desempenho corporativo por meio da publicação de um relato integrado.

Fonte: Elaborado pelo autor (2021)

3.1 O Relato Integrado e seus capitais

A Estrutura Internacional de Relato Integrado utiliza uma abordagem baseada em princípios (mercado e investidores). A intenção é encontrar um equilíbrio adequado entre flexibilidade e prescrição que reconheça a grande variedade de circunstâncias individuais em diferentes organizações, permitindo um grau suficiente de comparabilidade entre as empresas para atender a importantes necessidades de informação, na área de educação.

Não impõe indicadores de desempenho específicos, métodos de mensuração ou divulgação de assuntos individuais, mas inclui um pequeno número de exigências a serem aplicadas antes que um Relato Integrado possa ser considerado em conformidade com a estrutura da figura 2.

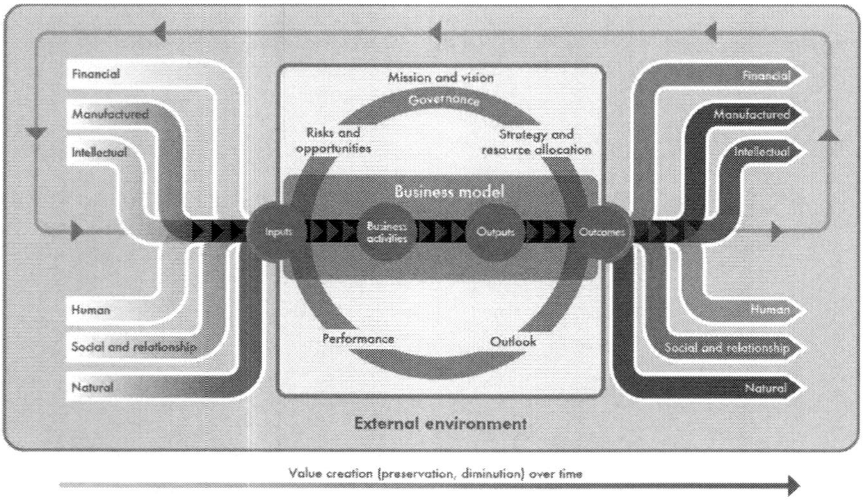

Fonte: IIRC (2014, p.14)

Um Relato Integrado pode ser preparado para atender as exigências de mercado ou dos investidores, já que não há órgãos reguladores no Brasil que o exijam, podendo ser uma iniciativa independente.

De acordo com o IIRC (2014), o RI é composto dos seguintes capitais:

i. capital financeiro: faz parte dos investimentos, dívidas e capital que permitem a organização da produção de bens ou prestação de serviços (CARVALHO, KASSAI, 2014). Ou seja, é o conjunto de recursos que está disponível a uma organização para ser utilizado na produção de bens ou na prestação de serviços, sendo obtido por meio de financiamentos, tais como dívidas, ações ou subvenções, ou gerado por meio de investimentos;

ii. capital humano: focado no desenvolvimento de competências e nas capacidades dos profissionais, suas experiências e na motivação dos colaboradores para a busca de melhores práticas e da melhoria contínua (CARVALHO, KASSAI, 2014). Isto é, consiste nas competências, habilidades e experiência das pessoas e suas motivações para inovar, incluindo seu alinhamento ao quadro de governança, abordagem de gerenciamento de riscos e valores éticos, contemplando, ainda, a capacidade de entender, desenvolver e implementar a estratégia de uma organização, a lealdade e motivação para melhorar processos, bens e serviços, incluindo a capacidade de dirigir, gerenciar e colaborar;

iii. capital intelectual: é formado pelos conhecimentos intangíveis, que muitas vezes não podem ser contabilizados, mas estão em posse da empresa, sendo necessária a capacidade de saber mantê-los e expandi-los (CARVALHO; KASSAI, 2014). Em outras formas, esses são intangíveis organizacionais baseados em conhecimento, entre eles a propriedade intelectual, tais como: patentes, direitos autorais, *software*, direitos e licenças;

"capital organizacional", como conhecimento tácito, sistemas, procedimentos e protocolos;

iv. capital manufaturado: compreende objetos físicos como edifícios e edificações, a fábrica da empresa, máquinas, equipamentos e infraestrutura (CARVALHO; KASSAI, 2014);

v. capital natural: são todos os recursos ambientais e naturais utilizados pela organização, renováveis e não renováveis (CARVALHO; KASSAI, 2014). Ou seja, todos os recursos e processos renováveis e não renováveis que fornecem bens ou serviços que apoiam a prosperidade passada, presente e futura de uma organização. Isso inclui: água, terra, minerais e florestas; a biodiversidade e a saúde do ecossistema; e

vi. capital social e de relacionamento: são as relações entre a organização, a comunidade e outras partes interessadas (KELLER, 1993). Isto é, consiste no relacionamento dentro e entre *stakeholders* e a capacidade de compartilhar informações para melhorar o bem-estar individual e coletivo, abrangendo padrões compartilhados, bem como valores e comportamentos comuns, relacionamentos com as principais partes interessadas, confiança e o compromisso para construir e proteger as partes externas interessadas. São bens intangíveis associados com a marca, a reputação e o alvará de funcionamento de uma organização.

3.2 Indicadores de Gestão da IES

Os principais indicadores de gestão de uma IES estão ligados diretamente à intimidade e ao domínio que o seu capital intelectual tem sobre determinados elementos baseados ainda nos capitais, sendo diferenciados apenas em financeiros e não financeiros (CALIFE; FRANÇA, 2012) e baseados em sua estrutura realiza-se a comparação dos que podem ser utilizados pela IES.

Quadro 3: Alguns Indicadores

Indicadores Financeiros	
Financeiros (GRII)	Faturamento; Lucro bruto; Ponto de equilíbrio (*break even point*); Margem de lucro; Margem de contribuição; Liquidez corrente; EBITDA; Lucratividade; Rentabilidade; ROI; *Ticket* médio; Giro de estoque.
Manufaturados (GRII)	Número de produtos produzidos; Produtividade homem/hora; Tempo Médio Para Reparo (MTTR); Tempo de inatividade; Tempo Médio Entre Falhas (MTBF); Horas trabalhadas na produção; Nível de utilização da capacidade instalada; Custo total de produção; Giro do estoque; Margem de contribuição.

Indicadores não financeiros	
Humanos	Número de funcionários; Universidade; Total investido em treinamento; Funcionários em aprendizagem eletrônica corporativa; Média de idade; Média de dias de treinamento por funcionário; Resultado da pesquisa com funcionários; Acidentes com lesão por milhões de horas trabalhadas; Taxa de absenteísmo; Taxa de demissão.
Intelectual	Número de patentes requeridas; Dinheiro gasto em P&D; Número de testes com nova tecnologia; Reconhecimento da marca; Número de novos produtos desenvolvidos; Despesas com o desenvolvimento de mudanças/processos da organização; Despesas com o desenvolvimento de *softwares* para sistemas internos; Vendas geradas por produtos originados de P&D. Número de patentes requeridas.
Natural (GRII)	Emissão de CO_2; Consumo de energia por Fonte de energia; Quantidade de resíduos; Acidentes ambientais; Resíduos reciclados; Investimentos em proteção ambiental; Animais adquiridos para testes.

Indicadores não financeiros	
Social e de Relacionamento (GRII)	*Ranking* de "Excelente lugar para trabalhar"; Número de voluntários; Reclamações trabalhistas/Processos; Envolvimento em ações sociais; Envolvimento em projetos culturais; Índice de satisfação do cliente; Provisão para projetos sociais; "Investimento social" (dinheiro gasto em filantropia).

Fonte: GRI (2016)

CAPÍTULO 4

Propostas existentes

Os estudos geralmente tratam essa relação comparativa de forma menos abrangente, com base na formação, qualidade de ensino e métricas básicas no que se refere aos números universitários. Norteados por essas informações, as avaliações carecem, principalmente, de mudança e do desenvolvimento local, por meio do impacto gerado pelos egressos na comunidade e no mundo do trabalho.

O SEMESP (2019) traça de forma bem objetiva um comparativo regional com informações de ingressantes e egressos do ensino superior que demonstra o número de instituições, todo seu processo de evolução das matrículas, procura por cursos e áreas de atuações, modalidade de ensino e faixa etária, contextualizando com a realidade brasileira.

O Censo IBGE (BRASIL, 2019) avalia e divulga estatisticamente os resultados dos formandos em suas respectivas IES, com indicadores que demonstram a qualidade de profissionais formados segundo os critérios definidos em seus Catálogos de Cursos e as DCN (Diretrizes Curriculares Nacionais).

Entretanto, nenhum desses instrumentos de avaliação e indicadores deixa claro qual é o real impacto que a IES está trazendo à sua comunidade e região.

Há outros estudos que avaliam os modelos institucionais e que tm como referência mensurar de forma mais palpável o trabalho que é realizado pelas IES, em relação à qualidade do produto ou serviço produzido, assim como, o trabalho que é feito no entorno de beneficiamento e melhorias para a região, principalmente gerado por essas ações.

Segundo Barros *et al.* (2018), o Relato Integrado tem como objetivo apresentar os valores mais relevantes para o desenvolvimento da organização e as suas realizações, por meio de demonstrações estatísticas e estudos quantitativos sobre as problemáticas apresentadas.

Acrescenta Mantovani *et al.* (2015) que o Relato Integrado, por reunir informações financeiras e não financeiras, demonstra não só os provedores de capital, mas também como a organização gera valores ao longo do tempo, propiciando vários estudos e análises comparativas e de impacto sobre a sua operação.

Para Santos e Santos (2016), os demonstrativos sociais e ambientais anteriores são usados, ainda, com bastante frequência, pois o Relato Integrado ainda tem aderência e difusão suficiente no meio educacional.

Os atuais instrumentos de avaliação e prestação de contas à sociedade estão representados nos quadros a seguir.

Quadro 4: Desenvolvimento de Políticas e Éticas

<table>
<tr><th>Objeto</th><th>Ref.</th><th>Descrição</th></tr>
<tr><td>Instrumento: Políticas Éticas Corporativas</td><td>Santos e Santos (2016)</td><td>Possibilita a demonstração dos dados no ambiente corporativo, inserindo suas ações na realidade e explicitando os processos de produção e de gestão, pois não há mais qualidade sem responsabilidade.</td></tr>
<tr><td colspan="3">Princípios; Conflitos de Interesses; Padrões de conduta exigidos pelos Colaboradores; Prestação de informações pelos Colaboradores; Relações com Concorrentes, Fornecedores e Prestadores de Serviços; Utilização de informações privilegiadas; Denúncias, dúvidas e/ou esclarecimentos; Sanções aplicáveis; Termo de adesão ao código de ética.</td></tr>
</table>

Fonte: Elaborado pelo autor (2021)

O Quadro 04 apresenta o desenvolvimento de políticas e éticas que se faz necessário para dar sustentabilidade ao processo de implementação e uso das ferramentas éticas corporativas.

Quadro 5: Balanço Social

<table>
<tr><th>Objeto</th><th>Ref.</th><th>Descrição</th></tr>
<tr><td>Instrumento: Balanço Social</td><td>Santos; Freire; Malo (1998)

Souza (2020)</td><td>Com origem nas décadas de 60 e 70, sendo fortalecido na década de 80 e passando à consolidação da Responsabilidade Social das Empresas e o Balanço Social no Brasil em 90. Por fim, tem como qualidade tornar possível a contabilidade anual, fortalecendo as informações que possibilitam a construção de indicadores.</td></tr>
<tr><td colspan="3">1ª Etapa: Planejamento do trabalho e escolha da estrutura. 2ª Etapa: Designação de grupo de trabalho interno e partes interessadas externas a serem envolvidas (incluindo, por exemplo, fornecedores, clientes, comunidade, financiadores, governo e órgãos ambientais, entre outros) ao alinhamento de objetivos e compromissos da alta administração e equipes. 3ª Etapa: Coleta, tratamento e consolidação dos dados. 4ª Etapa: Elaboração e análise do texto. 5ª Etapa: Verificação e auditoria das informações. 6ª Etapa: Publicação e divulgação do relato</td></tr>
</table>

Fonte: Elaborado pelo autor (2021)

O Quadro 05 retrata as estruturas que são propostas em um modelo de *framework* para o desenvolvimento do demonstrativo.

Quadro 6: Demonstração de Valor Adicionado

<table>
<tr><th>Objeto</th><th>Ref.</th><th>Descrição</th></tr>
<tr><td>Instrumento: DVA (Demonstração de Valor Adicionado)</td><td>Lei 11.638 de 2007

NBCTG-09

Souza (2020)</td><td>Obrigatório para as grandes empresas, conforme Lei 11.638 de 2007, que é normatizada pela NBC TG - 09, subtraindo das receitas os custos; do resultado a depreciação, amortização e exaustão. Após esse processo têm-se acréscimos de receitas financeiras, segundo o modelo de DVA.</td></tr>
<tr><td colspan="3">Pessoal e encargos; valor distribuído aos colaboradores da entidade; impostos, taxas e contribuições; valor distribuído ao governo; juros e aluguéis; valor distribuído aos bancos e às partes que recebem rendas de seus ativos; juros sem capital próprio e dividendos; valor distribuído aos acionistas e demais investidores na entidade; lucros retidos/ prejuízos do exercício; valor que é distribuído à própria entidade; receitas; insumos adquiridos de terceiros; valor adicional bruto (A-B); valor adicionado líquido produzido pela entidade (C-D); valor adicionado recebido em transferência; valor adicional total a distribuir (E+F); distribuição do valor adicionado; pessoal e encargos.</td></tr>
</table>

Fonte: Elaborado pelo autor (2021)

O Quadro 06 menciona a elaboração da DVA (Demonstração de Valor Adicionado), reforçando o cenário da riqueza direta que a empresa gerou em um determinado período.

Quadro 7: Relatório anual de informações sociais

<table>
<tr><th>Objeto</th><th>Ref.</th><th>Descrição</th></tr>
<tr><td>Instrumento: RAIS Relação Anual de Informações Sociais</td><td>Ministério do Trabalho e Previdência (2020)

Souza (1997)

Torres (2001)</td><td>Um dos primeiros relatórios que aborda os aspectos sociais, instituída pelo decreto Lei n° 76.900/1975, em que a empresa deve anualmente entregar um relatório com as informações sociais dos seus empregados. Embora, seja uma das mais antigas, suas informações têm um escopo limitado e não são disponibilizadas para a sociedade.</td></tr>
<tr><td colspan="3">• Declaração; ano-base da declaração; tipo de declaração; tipo de inscrição; prefixo; CEI/CNO vinculado; razão social do estabelecimento; estab./entid. que exerceu atividade no ano-base; para uso da empresa.
• Informações referentes ao estabelecimento; informações cadastrais; e informações econômicas.
• Informações referentes ao empregado/servidor; dados pessoais do empregado/servidor;
• informações da admissão; vínculo empregatício; informações do local de trabalho do empregado/servidor; informações do afastamento; informações do desligamento; informações relativas às contribuições sindicais do empregado; remunerações mensais; e verbas pagas na rescisão.</td></tr>
</table>

Fonte: Elaborado pelo autor (2021)

O Quadro 07 detalha a RAIS criada em 1975. São apresentados os dados estatísticos dos trabalhadores que auxiliam no melhor entendimento do mercado de trabalho.

Quadro 8: *Global Reporting Iniciative*

Objeto	Ref.	Descrição
Instrumento: GRI	GRI (2020) Souza (1997)	Organização internacional que ajuda as empresas a publicar relatórios de sustentabilidade e a medir, compreender e comunicar o seu desempenho econômico, ambiental, social e de governança. O modelo GRI (2016) no qual destaca os seguintes benefícios: 1. Internos: maior compreensão dos riscos e oportunidade; 2. Externos: atenuar ou reverter os impactos ambientais, sociais, e de governança negativos; 3. *Stakeholders:* princípios para assegurar a qualidade do relatório.
GRI 101 - Fundamentos *(Foundation)* 2016; GRI 102 - Conteúdos Gerais *(General Disclosures)* 2016; GRI 103 - Forma de Gestão *(Management Approach)* 2016; GRI 201 - Desempenho Econômico *(Economic Performance)* 2016; GRI 202 - Presença no Mercado *(Market Presence)* 2016; GRI 203 - Impactos Econômicos Indiretos *(Indirect Economic Impacts)* 2016; GRI 204 - Práticas de Compra *(Procurement Practices)* 2016; GRI 205 - Combate à Corrupção *(Anti-corruption)* 2016; GRI 206 - Concorrência Desleal *(Anti-competitive Behaviour)* 2016; GRI 207 - Tributos *(Tax)* 2019;		

GRI 301 - Materiais *(Materials)* 2016; GRI 302 - Energia *(Energy)* 2016; GRI 303 - Água e Efluentes *(Water and Effluents)* 2018; GRI 304 - Biodiversidade *(Biodiversity)* 2016; GRI 305 - Emissões *(Emissions)* 2016; GRI 306 - Resíduos *(Waste)* 2020; GRI 307 - Conformidade Ambiental *(Environmental Compliance)* 2016; GRI 308 - Avaliação Ambiental de Fornecedores *(Supplier Environmental)* 2016; GRI 401 - Emprego *(Employment)* 2016; GRI 402 - Relações de Trabalho *(Labor Management Relations)* 2016; GRI 403 - Saúde e Segurança do Trabalho *(Occupational Health and Safety)* 2018; GRI 404 - Capacitação e Educação *(Training and Education)* 2016; GRI 405 - Diversidade e Igualdade de Oportunidades *(Diversityand Equal Opportunity)* 2016; GRI 406 - Não Discriminação *(Non-discrimination)* 2016; GRI 407 - Liberdade Sindical e Negociação Coletiva *(Freedomof Association and Collective Bargaining)* 2016; GRI 408 - Trabalho Infantil *(Child Labor)* 2016; GRI 409 - Trabalho Forçado ou Análogo ao Escravo *(Forcedor Compulsory Labor)* 2016; GRI 410 - Práticas de Segurança *(Security Practices)* 2016; GRI 411 - Direitos de Povos Indígenas *(Rightsof Indigenous Peoples)* 2016; GRI 412 - Avaliação de Direitos Humanos *(Human Rights Assessment)* 2016; GRI 413 - Comunidades Locais *(Local Communities)* 2016; GRI 414 - Avaliação Social de Fornecedores *(Supplier Social Assessment)* 2016; GRI 415 - Políticas Públicas *(Public Policy)* 2016; GRI 416 - Saúde e Segurança do Consumidor *(Customer Health and Safety)* 2016; GRI 417 - *Marketing* e Rotulagem *(Marketing and Labeling)* 2016; GRI 418 - Privacidade do Cliente *(Customer Privacy)* 2016; GRI 419 - Conformidade Socioeconômica *(Socioeconomic Compliance)* 2016.

Fonte: Elaborado pelo autor (2021)

O Quadro 08 traz como principal propósito a criação de diretrizes globais para o desenvolvimento de relatórios de sustentabilidade.

Quadro 9: Relatório de Impacto Ambiental

Objeto	Ref	Descrição
Instrumento: RIMA Relatório de Impacto Ambiental	Stein (2017) Tinoco (2001)	Identificar questões legais, socioeconômicas e políticas relacionadas com a implantação do projeto. Apontar, no termo de referência, todos os itens a serem seguidos para a elaboração do EIA/RIMA pela empresa consultora/ou profissionais a serem contratados.
1. Empreendedor realiza consulta ao órgão ambiental; 2. Órgão ambiental emite instrução normativa; 3. Empreendedor licita/contrata a elaboração do EIA/RIMA; 4. Empresas de consultoria ambiental apresentam as suas propostas técnicas em concorrência (caso o empreendimento seja público); 5. Empreendedor negocia a(s) proposta(s) e contrata a empresa vencedora, a qual apresentou o menor preço, mas possui capacidade de realizar o EIA/RIMA; 6. Consultora elabora o EIA/RIMA; 7. Empreendedor deve fiscalizar os segmentos da realização dos estudos; 8. Empreendedor submete os estudos/levantamentos ao órgão ambiental; 9. Caso seja aceito, o órgão ambiental coloca o EIA/RIMA à disposição do público, marcando a audiência pública e inicia a análise dos estudos elaborados; 10. Empreendedor		

encomenda material para a audiência pública à consultoria; 11. Órgão ambiental realiza a referida audiência, na qual o empreendedor apresenta o empreendimento e a consultora apresenta o EIA/RIMA para o público presente; 12. Órgão ambiental elabora a ata da audiência, finaliza a análise do EIA/RIMA e emite o parecer técnico.

Fonte: Elaborado pelo autor (2021)

O Quadro 09 possibilita de uma forma bem objetiva o entendimento dos pontos positivos e negativos do projeto que está sendo proposto.

Quadro 10: Norma Brasileira de Contabilidade Técnica – 15

Objeto	Ref.	Descrição
Instrumento: Informação de natureza social e ambiental NBCT-15	Souza (2020)	• Geração e Distribuição de Riqueza: a riqueza gerada e distribuída pela entidade deve ser apresentada conforme: 1. Recursos Humanos: devem constar dados referentes à remuneração, benefícios concedidos, composição do corpo funcional e as contingências e os passivos trabalhistas da entidade. 1. Quanto à remuneração e benefícios concedidos aos empregados, administradores, terceirizados e autônomos. Essas informações devem ser expressas monetariamente pelo valor total do gasto com cada item e conforme a quantidade de empregados, autônomos, terceirizados e administradores beneficiados. 2. As informações relativas à composição dos recursos humanos. 3. As informações referentes às ações trabalhistas movidas pelos empregados contra a entidade. Para o fim dessa informação, os processos providos parcialmente ou encerrados por acordo devem ser considerados procedentes.

Objeto	Ref.	Descrição
Instrumento: Informação de natureza social e ambiental NBCT-15	Souza (2020)	2. Interação da Entidade com o Ambiente Externo: nas informações relativas à interação da entidade com o ambiente externo devem constar dados sobre o relacionamento com a comunidade na qual a entidade está inserida, com os clientes e com os fornecedores, inclusive, incentivos decorrentes dessa interação. 1. As informações relativas à interação com a comunidade devem ser evidenciadas sobre os totais dos investimentos. 2. As informações referentes à interação com os clientes. 3. As informações relativas ao relacionamento entre fornecedores e a entidade devem se referir ao uso ou não de critérios de responsabilidade social para a seleção de seus fornecedores. 3. Interação com o Meio Ambiente: as informações relativas à interação da entidade com o meio ambiente devem ser evidenciadas.
1. Geração e distribuição de riqueza; 2. Recursos humanos; 3. Interação da entidade com o ambiente externo; 4. Interação com o meio ambiente.		

Fonte: Elaborado pelo autor (2021)

O Quadro 10 contém regras propostas pelo Conselho Federal para orientar na elaboração de uma demonstração que contemple informações de natureza social e ambiental.

CAPÍTULO 5

Metodologia

A metodologia adotada foi a pesquisa descritiva. Assim, buscou-se tratar formas de construção de indicadores diferentes daqueles que normalmente são utilizados para o segmento de ensino superior.

Para Carvalho e Kassai (2014) trabalhar com variáveis sociais e ambientais complementam a forma de avaliação das IES, no que diz respeito à contribuição dos seus produtos e/ou serviços. Os autores mencionam ainda a possibilidade de mensurar o processo de melhoria por meio dos indicadores não financeiros ao verificar sua contribuição a partir das ODS – em todos os objetivos que forem adequados dentro do segmento avaliado.

É percebido que as variáveis qualitativas são avaliadas e comparadas com informações fornecidas pelo MEC, com metodologias estatísticas para essas análises comparativas; entretanto, a análise não contempla a apresentação de informações sobre o impacto desses egressos como profissionais do mercado, internamente na instituição de ensino e externamente na região, tampouco a contribuição social e ambiental.

5.1 Levantamento de dados

O levantamento de dados deu-se por análise de documentos oficiais da IES e entrevistas. O ambiente interno, também, foi foco do levantamento de dados para avaliar o comprometimento do time, a execução das atividades dentro dos preceitos da ética e o aprimoramento da cultura organizacional.

5.2 Processo de coleta de dados

Foi determinante para a coleta de dados o reconhecimento dos indicadores, que foram considerados e apresentados dentro da abrangência dos pontos descritos no IIRC no ambiente interno e no externo. Dessa forma, a coleta de dados deu-se nas frentes seguintes.

a. **Dados dos alunos entrantes até a sua conclusão e o tratamento deles como egresso**

   Todas as informações foram coletadas por meio dos dados internos da instituição ou do Censo IBGE de 2019. Este último apresenta os resultados das demais instituições da região para o desenvolvimento de uma análise comparativa.

b. **Dados internos da instituição**

   Base de responsáveis pelo desenvolvimento de todas as atividades da instituição e o reflexo (reação) que traz ao corpo de funcionários, colaboradores e professores.

c. **Indicadores com os dados sobre os capitais, integrados com as ODS e sua apresentação quantitativa e qualitativa**
Os principais indicadores de gestão de uma IES estão ligados diretamente ao capital intelectual e de relacionamento, pois, o aluno é o principal *stakeholder* a ser acompanhado. A instituição usa o portal educacional para aplicação de questionários com o propósito de simplificar e facilitar a interação dos respondentes, além de ser o local de armazenamento dos dados que foram utilizados no Projeto.

A análise desenvolvida comparou os resultados do Censo que está disponível no portal *e-mec*, em que os dados são disponibilizados pelo Ministério da Educação, possibilitando compreender aspectos qualitativos e quantitativos.

Os capitais também foram representados por indicadores que fazem parte de processos avaliatórios, mostrando os números e a sua importância na verificação da evolução (quantitativo), refletindo os impactos realizados pelas decorrências daqueles (qualitativo).

Os dados também foram comparados em trabalhos de CENSO realizados pelo próprio MEC, e o retorno dessa comparação acaba sendo uma premiação, aumentando a responsabilidade de manter todas as cinco dimensões, que são: sustentabilidade, respeito à multicultura, aprendizado contínuo, inovação e governança corporativa.

Para mais, foi elaborado um questionário com as informações sobre as definições dos capitais, a partir do IIRC, evidenciados na figura abaixo e na definição das personas que serão envolvidas nas pesquisas, para maior relação de credibilidade.

Figura 3: Capitais

Fonte: IIRC (2016)

De acordo com a classificação dos capitais apresentada pela estrutura do IIRC é descrita a proposta, como segue abaixo, sob a ótica de uma instituição de ensino para as ações de prestação de contas à sociedade e para facilitar as comparações nas esferas nacional, estadual e municipal, gerando dados analíticos para uma comparação internacional, sob os mesmos parâmetros.

Com gestores e profissionais externos foram realizadas entrevistas com egressos, a fim de verificar a contribuição da instituição e dos projetos institucionais

O Quadro 11 aponta para perfis que são altamente relevantes e fazem parte do ecossistema da Instituição de Ensino como um *stakeholder* que auxiliaria no norte e diretrizes para construção dos indicadores que farão parte do Relato Integrado.

Quadro 11 - Levantamento de dados por meio de entrevista

Questão	Persona	Referência
1	Mantenedor universitário	Traz uma visão de negócio com um foco tanto quantitativo como qualitativo nas diversas linhas de resultados da Instituição.
02	Pró-reitor Acadêmico	Traz uma visão acadêmica e de formação do profissional e pesquisador.
03	Confederação das Empresas	Traz uma visão de contribuição de mão de obra qualificada e baseada nas novas tecnologias e competências profissionais e comportamentais.
04	Representante do SEMESP	Traz uma visão comparativa entre as instituições de ensino podendo verificar os resultados individuais, regionais e nacionais.

Questão	Persona	Referência
05	Representante do SEBRAE	Traz uma visão das principais necessidades das pequenas e médias empresas.
06	Representante do CIESP	Traz uma visão das indústrias da região com todas as informações necessárias para o desenvolvimento de projetos e as demandas.
07	Representante dos ex-alunos	Traz uma visão de quem passou por todo esse processo e tem em particular uma crítica de todo processo desenvolvido e aplicado na prática.
08	Representante do poder público	Traz uma visão mais ligada ao impacto social e das informações do quanto a instituição contribui com a região.
09	Representante do NUPE	Traz uma visão necessária para um desenvolvedor de projetos e solucionador de problemas baseado nas necessidades e demandas de mercado em pesquisa de desenvolvimento.
10	Representante do CITIG	Traz uma visão de inovação, além de avaliar o quanto o processo desenvolvido pela Universidade está ou não atrelado à nova cultura de mercado.

Fonte: Elaborado pelo autor (2021)

Já no Quadro 12, são apresentados para cada capital a sua contribuição relevante para a construção do Relato Integrado.

Quadro 12: Levantamento de dados de capitais

Per.	Capital	Contribuição	Tipo de Pergunta	Forma de Avaliação
01	**Capital financeiro** - Conjunto de recursos que:	• está disponível para ser utilizado na produção de bens ou na prestação de serviços • ou é obtido por meio de financiamentos, tais como dívidas, ações ou subvenções, ou gerado por meio de investimentos.	Semiaberta com a classificação de prioridade	Estatística descritiva e inferencial
02	**Capital humano** - As competências, habilidades e experiência das pessoas e suas motivações para inovar, incluindo:	• seu alinhamento com o apoio ao quadro de governança, abordagem de gerenciamento de riscos e valores éticos; • capacidade de entender, desenvolver e implementar a estratégia de uma organização; • lealdade e motivação para melhorar processos, bens e serviços, incluindo a capacidade de dirigir, gerenciar e colaborar.	Semiaberta com a classificação de prioridade	Estatística descritiva e inferencial
03	**Capital intelectual** - São intangíveis organizacionais baseados em conhecimento, entre eles:	• propriedade intelectual, tais como patentes, direitos autorais, *software*, direitos e licenças; • capital organizacional, tais como conhecimento tácito, sistemas, procedimentos e protocolos.	Semiaberta com a classificação de prioridade	Estatística descritiva e inferencial

Per.	Capital	Contribuição	Tipo de Pergunta	Forma de Avaliação
04	**Capital manufaturado** - Objetos físicos manufaturados (diferentes de objetos físicos naturais) disponíveis a uma organização para uso na produção de bens ou na prestação de serviços, incluindo:	• prédios; • equipamentos; • infraestrutura (estradas, portos, pontes etc.).	Semiaberta com a classificação de prioridade	Estatística descritiva e inferencial
05	**Capital natural** - Todos os recursos e processos renováveis e não renováveis que fornecem bens ou serviços que apoiam a prosperidade passada, presente e futura de uma organização. Isto inclui:	• água, terra, minerais e florestas; • a biodiversidade e a saúde do ecossistema.	Semiaberta com a classificação de prioridade	Estatística descritiva e inferencial

Per.	Capital	Contribuição	Tipo de Pergunta	Forma de Avaliação
06	**Capital social e de relacionamento** - Relacionamentos dentro e entre *stakeholders* e a capacidade de compartilhar informações para melhorar o bem-estar individual e coletivo. O capital social e de relacionamento abrange:	• padrões compartilhados, bem como valores e comportamentos comuns; • relacionamentos com as principais partes interessadas, confiança e o compromisso para construir e proteger as partes interessadas externas; • intangíveis associados com a marca e reputação; • alvará de funcionamento de uma organização	Semiaberta COM a classificação de prioridade	Estatística descritiva e inferencial

Fonte: Elaborado pelo autor (2021)

5.3 Aspectos éticos da pesquisa

Para o desenvolvimento da entrevista roteirizada, foi desenvolvido e aprovado pelo Comitê de Ética da PUC-SP o TCLE (Termo de Consentimento e Livre Esclarecido). O TCLE foi apresentado aos respondentes voluntários antes da participação na pesquisa, para o auxílio no processo de definições dos indicadores que compuseram o Relato Integrado. Há, também, o parecer de mérito necessário para o processo de encaminhamento da pesquisa, parecer nº 5.092.817, elaborado pelo Comitê.

5.4 Síntese metodológica e matriz de amarração

O Quadro 13 apresenta toda a matriz de amarração, com uma síntese da metodologia já detalhada, deixando ainda mais evidente o objetivo, a introdução, a metodologia aplicada e o referencial teórico.

A base apresentada no Quadro 11 descreve todos os *stakeholders* que fizeram parte do processo, fechando um ciclo de levantamento e avaliações 360° que envolveu todas as partes deste ecossistema da Instituição de Ensino.

Quadro 13: Síntese metodológica e matriz de amarração

COMPONENTES	DESCRIÇÃO E ORIENTAÇÕES METODOLÓGICAS	
INTRODUÇÃO		
Objetivos	Geral	Construir uma proposta de Relato Integrado para um centro universitário que possibilite maior transparência na apresentação dos seus resultados.
	Específico	Os objetivos específicos são focados em desmembrar cada um destes elementos em suas respectivas esferas, possibilitando ainda estudo do trabalho em âmbito nacional e internacional. Identificar indicadores que contribuam conjuntamente para a sustentabilidade e para a transparência dos capitais previstos no Relato Integrado. Validar com a comunidade interna os demonstrativos apresentados por meio de pesquisas.

COMPONENTES	DESCRIÇÃO E ORIENTAÇÕES METODOLÓGICAS
INTRODUÇÃO	
Relevância	Efetuar comparação com o mercado e o impacto social e ambiental que possam ser mensurados, além dos socioeconômicos já conhecidos.
Justificativa	Criação de uma nova proposta de acompanhamento do ensino superior no Brasil, com indicadores financeiros e não financeiros.
Objeto de estudo	A importância do RI e indicadores de sustentabilidade propostos para um Centro Universitário da Região Metropolitana de São Paulo.
Problematização da pesquisa	A problematização busca desenvolver um relato integrado de uma IES, que possa ser utilizado como referência para comparação dos indicadores de sustentabilidade, considerando os aspectos sociais, ambientais, econômicos e multiculturais.
Delimitação	Alunos ingressantes 2017/2018 → Formando 2021 para Bacharelado Alunos ingressantes 2020 → Formando 2021 para Tecnologia Profissionais de 2020 → 2021 da instituição.
Natureza da pesquisa	Dados de alunos e dos profissionais da Instituição de Ensino Superior para análise quantitativa e qualitativa e aplicação de controle estatístico.
Construtos	Relato Integrado e Indicadores de RI para um Centro Universitário.
Motivação	Acrescentar aos indicadores contábeis e financeiros os indicadores sociais e ambientais a fim de ampliar a transparência e prestar contas para as comunidades internas e externas.
Contribuição social da pesquisa	Acompanhamentos dos profissionais e do entorno da região avaliando a instituição. Ampliação da transparência da instituição.

COMPONENTES	DESCRIÇÃO E ORIENTAÇÕES METODOLÓGICAS
INTRODUÇÃO	
Contribuição acadêmica da pesquisa	Criação de um relato periódico com indicadores comparáveis em IES de diferentes regiões e localidades. Propor um conjunto de indicadores que podem ser úteis para o desenvolvimento de propostas em outras instituições.
METODOLOGIA	
Dados	Dados de alunos desde o momento que eles são *leads* até a conclusão como egressos. E todos os profissionais envolvidos no processo.
Amostra e Critérios de seleção	Candidatos e egressos do Centro Universitário, além dos profissionais no mesmo período.
Método de investigação científica	Estudo de caso do Centro Universitário.
Tipo de pesquisa	Pesquisa e investigação científica descritiva e exploratória.
Período de realização da pesquisa	Para o desenvolvimento dos dados foram selecionadas duas escolas de Gestão e Negócios e a da Indústria, com os seus respectivos cursos de tecnologia e bacharelados, considerando a entrada no primeiro semestre de 2021 com os seus apontamentos e os de formação dos alunos no segundo semestre de 2021. Neste caso os formandos entraram no primeiro semestre de 2020 nos cursos de tecnologia e nos primeiros semestres de 2017/2018 para os cursos de bacharelado. Estão sendo consideradas também as equipes de profissionais da instituição de ensino dessa mesma época.

COMPONENTES	DESCRIÇÃO E ORIENTAÇÕES METODOLÓGICAS
REFERENCIAL TEÓRICO	
Principais autores pesquisados	Santos (2017) com o entendimento da ética e suas políticas e responsabilidade social. IIRC - com toda base de desenvolvimento dos RI - Relato Integrado. ODS Brasil - com a definição e integração das ODS - Objetivos de Desenvolvimento Sustentável.

Fonte: Dados da pesquisa realizada, Modelo de quadro com base em Takahashi e Fischer (2009) e Telles (2001).

CAPÍTULO 6

Estudo de caso

PROPOSTA DE RELATO INTEGRADO PARA UMA INSTITUIÇÃO DE ENSINO SUPERIOR

6.1 Centro Universitário ENIAC

O Centro Universitário ENIAC utiliza metodologias que buscam aproximar a academia do processo produtivo, dialogando de forma mais efetiva e criando condições cada vez mais integradas e contínuas.

A instituição acredita e declara, em seu *site*, que o sucesso depende, entre outros fatores, da imagem positiva que mantém perante seus alunos, pais, colaboradores, parceiros, fornecedores e comunidade, pois considera necessário que eles se sintam confiantes em se relacionar com uma organização regida por padrões de conduta, ética e cidadania. Para isso, faz-se necessário o real comprometimento daqueles que promovem a sinergia da organização, seus gestores, os colaboradores e os corpos docentes e discentes. São eles que por meio de sua integridade e valores promovem a imagem de seriedade, postura e transparência que busca a instituição.

Diante do exposto, a Instituição construiu uma proposta de estrutura do seu Código de Conduta e de Ética, que pode ser acompanhada na figura abaixo.

Figura 4: Estrutura do Código de Ética

Fonte: ENIAC (2019)

O Código de Ética Empresarial é homologado pelo presidente do conselho de administração do Centro Universitário.

6.2 Cenário do Centro Universitário

A estrutura levantada no Centro Universitário apresenta várias ações e iniciativas focadas no social e o meio ambiente, conforme se passa a expor.

a. **Meio ambiente**

A sustentabilidade é uma das principais preocupações do Centro Universitário, orientando suas ações para contribuir com a cidade e o meio ambiente em que está inserido. Desde 2006, existe um prédio totalmente sustentável, aproveitando os recursos naturais sem desperdício. Também, são feitas coletas seletivas e treinamento dos funcionários de limpeza para realizá-las de forma adequada. Ademais, possui um sistema de tratamento de água para que seja reutilizada em toda sua instalação.

b. **Prédio sustentável**

O primeiro edifício sustentável de Guarulhos e do Brasil na área de ensino superior. Construção baseada no conceito *Green Building* e de baixo impacto ambiental. O prédio foi projetado de forma a otimizar recursos hídricos e energéticos; além de sustentável, é preparado com recursos de acessibilidade, como sinalização para deficientes visuais, rampas, elevadores e equipes de suporte para qualquer necessidade.

c. **Estação de tratamento de esgoto**

A edificação da faculdade foi o primeiro prédio sustentável de Guarulhos com a primeira estação de tratamento de água. Cerca de 10% do investimento total da construção foi destinado à implantação da estação de tratamento para reúso de água. A partir do segundo semestre de 2009 foi realizada a captação das águas pluviais e desde então, toda chuva captada passa pelos dez mil metros quadrados do terreno e segue para ser armazenada em tanques que têm a capacidade de reservar cerca de 130 mil litros de água. Desse modo, a reutilização pode ser efetuada nas descargas, na lavagem de pisos e para regar o jardim.

d. **Lixo zero**

Na penúltima edição da Semana Lixo Zero Guarulhos, realizada ainda em 2020, o Centro Universitário foi uma das parceiras da Prefeitura. A instituição cedeu um de seus estúdios para a gravação do curso Condomínio Lixo Zero Online, bem como atuou, por meio do CITIG (Centro de Inovações Tecnológicas de Guarulhos) na criação de um aplicativo destinado à otimização da coleta seletiva no município.

e. **ENIAC Social**

O ENIAC *Innovation*, organização sem fins lucrativos, promove a inclusão social, profissional e o desenvolvimento de alunos e da comunidade por meio de ações engajadas nos problemas da sociedade e da indústria. Sempre em parceria com o CITIG, estimula a criatividade e inovação, atua nas questões ambientais, incentiva e promove programas sociais, atividades de voluntariado e o desenvolvimento tecnológico de baixo custo.

Há, também diversos projetos que integram pessoas com diferentes tipos de deficiência ou dificuldades técnicas, sociais ou econômicas. Todas essas ações conferiram ao Centro Universitário ENIAC o selo de Instituição Socialmente Responsável.

Figura 5: SELO de Responsabilidade Social

Fonte: ENIAC (2019)

f. **Fabricação de EPIS (Equipamentos de Proteção Individual)**

- O ENIAC *Innovation*, com apoio do Centro Universitário, produziu e ainda produz itens de segurança aos profissionais de saúde e peças para respiradores com objetivo de ajudar no combate ao COVID-19:
- *face shields:* são máscaras de proteção individual, feitas de politereftalato de etileno, material que compõe a parte frontal e transparente da máscara e E.V.A para aderência do equipamento à testa do profissional, permitindo completa proteção aos profissionais da saúde no atendimento aos pacientes da COVID-19;
- AEROBOX: caixa protetora para intubação e procedimentos invasivos. Material acrílico 6mm, transparente, indicada na intubação orotraqueal, extubação, passagem de cateter, entre outros procedimentos, invasivos, com o objetivo

de garantir mais segurança ao profissional de saúde e paciente; e

- ventilação mecânica: conectores em formato Y e com 90 graus, ambos com 22mm de diâmetro e opção de conexão macho ou fêmea, fabricados em Nylon pa 12. Peças versáteis que substituem a peça original que se quebra com facilidade, adequada para reposição imediata. Outra proposta é fazer com que um equipamento sirva simultaneamente para dois pacientes, acoplando os conectores Y em dois circuitos de ventiladores mecânicos, podendo ser utilizado como um recurso de resgate que será determinado pela equipe médica.

g. Inclusão digital

Há muitos alunos da rede pública que não dispõem de um celular para acessar aulas à distância. A campanha "doe um celular" pretende viabilizar a continuidade de estudos para muitos jovens, a começar pelos alunos da E.E. Levi Maia, na Vila Any, da qual o Centro Universitário e a *Innovation* são parceiros pelo programa "Parceiros da Educação".

h. Reciclagem eletrônica

O Centro de Recuperação Tecnológica atua na recuperação de equipamentos eletrônicos fora de uso. Computadores e celulares que são descartados são recuperados e entregues para utilização nas entidades que são apoiadas pela Instituição.

i. **Feirão do emprego**

O Centro Universitário acompanha as necessidades do mercado de trabalho – entre suas inúmeras atividades – e cumprindo seu papel social, promove anualmente o "Feirão de Emprego", destinado a pessoas de todas as faixas etárias, e, primordialmente, às que estão em busca de emprego nesse mercado cada vez mais exigente e competitivo.

Cabe mencionar que este evento foi realizado mesmo durante e pandemia e já colocou mais de 4.000 alunos no mercado de trabalho.

j. **Clube de compras**

Com a pandemia do Coronavírus, muitas empresas tiveram que encerrar suas atividades. Diante desse cenário, foi criado o Clube de Compras pelo Centro Universitário, objetivando a divulgação dos produtos e serviços de pais ou alunos durante a crise, por meio da disponibilização de um espaço no site e nas redes sociais da instituição, de forma gratuita, para que as pessoas conheçam melhor tais empresas.

k. **Gent ENIAC**

É mais uma campanha da chamada "Corrente do Bem ENIAC" e sua comunidade de funcionários, alunos, pais de alunos, ex-alunos e empresas parceiras. Desta vez, as forças foram unidas aos parceiros "Conectados do Terceiro Setor" – são mais de 80 ONGs – e "ONG Olhar de Bia", no combate à fome que assola as comunidades carentes em escala muito grande por efeito da pandemia.

O Centro Universitário foi e é a central logística para a distribuição às instituições de apoio às comunidades carentes, organizada com todo cuidado pelos parceiros, garantindo a destinação dos alimentos a quem mais precisa.

Para que a ação ganhasse força rapidamente foi solicitado a todos os integrantes da comunidade que se engajem nessa campanha, divulgando em suas redes sociais essa ação. A meta inicial era distribuir 10.000 cestas básicas e assim levar alimentos a 50.000 pessoas.

l. **Doações (alimentos, agasalhos, brinquedos)**

As doações já fazem parte da tradição e da generosidade de seus alunos e pais em diferentes eventos do Colégio e do Centro Universitário ENIAC, especialmente por meio dos eventos, como o "GinkENIAC" e o "Arraiá Solidário". São recebidas doções de cobertores, agasalhos, brinquedos e até mesmo cabelos para confecção de perucas que são doadas para pessoas com câncer.

m. **Melhor idade**

O ENIAC Melhor Idade oferece às pessoas acima dos 60 anos de idade atividades físicas, artísticas e culturais objetivando a manutenção da saúde biopsicossocial, contribuindo, consequentemente, para a melhoria da qualidade de vida dos indivíduos durante essa etapa da vida.

n. **Atendimento psicológico**

Para pessoas que tiveram ou estão com dificuldades emocionais, especialmente a partir do isolamento social, foi oferecido atendimento de suporte psicológico para toda a comunidade de maneira *online*.

o. **Escritório de arquitetura social**

Criado com foco nas comunidades que não podem arcar com o serviço de um profissional para assinar projetos, oferece o atendimento a essa parcela social com serviços de regularização de creches ou mesmo de organização legal de obras.

6.3 CITIG - Centro de Inovação Tecnológica de Guarulhos

O Centro Universitário criou o CITIG (Centro de Inovação Tecnológica de Guarulhos) para implantar o Relato Integrado na instituição, buscando atender e avaliar o modelo de contribuição efetiva no contexto da sua região.

Na segunda maior cidade do estado de São Paulo, que contém o mais importante complexo logístico do Sudeste e a principal entrada aeroportuária do país, nasce o CITIG – Centro de Inovação Tecnológica *Innovation*-ENIAC Guarulhos. Um polo de desenvolvimento de tecnologia, geração de negócios e estímulo ao crescimento sustentável que coloca Guarulhos ao lado de outros destacados centros de inovação do mundo.

A *Innovation* Associação, braço social do Grupo ENIAC, por meio da gestão do Centro Universitário e dos recursos necessários (financeiros, intelectuais, tecnológicos, de pessoal e de infraestrutura) desempenha a tarefa de implantar projetos de base tecnológica e inovação para Guarulhos e as empresas da região.

O CITIG opera sob a gestão da *Innovation*, empresa sem fins lucrativos do Grupo ENIAC que dispõe de infraestrutura do Centro Universitário ENIAC e do NupE (Núcleo de Pesquisa ENIAC), sendo administrada segundo os mais modernos princípios de governança, contando com modelo estrito de *compliance* e auditoria para garantir a lisura e o cumprimento integral da ética em todas as suas destinações e aprovações, seja dos projetos a serem executados, seja à destinação dos recursos.)

O Centro de Inovação Tecnológica *Innovation*-ENIAC Guarulhos tem o objetivo de fomentar as demandas e o desenvolvimento da comunidade empresarial com as premissas sociais, de inovação e tecnológicas aplicadas inicialmente às áreas da Logística, Farmacêutica, Aeroportuária e Tecnologias para Indústria 4.0 e *Smart City*.

Como forma de inclusão profissional, a Agência Empregos do Futuro ENIAC realiza, dentro do CITIG, a gestão de estágios, auxiliando os estudantes a colocarem em prática todo o conhecimento adquirido em sala de aula, atuando como um elo entre os alunos, as empresas parceiras e a comunidade. Também oferece oportunidades de ingresso e recolocação no mercado de trabalho e apresenta profissionais preparados e capacitados às empresas parceiras.

Toda a estratégia de funcionamento do Centro de Inovação Tecnológica de Guarulhos, suas linhas de atuação nos diferentes pontos do ecossistema, os resultados esperados projeto a projeto, a descrição objetiva do processo que acompanha a sua execução e por fim as pessoas e a organização necessária para a conclusão das ações são apresentadas na figura abaixo.

Figura 6: Mapa Estratégico

Fonte: ENIAC (2019)

Além disso, a figura 7 integra todo o ecossistema da escola ao poder público e ao mercado produtivo.

Figura 7: Fluxo de Demandas

Fonte: ENIAC (2019)

6.4 Proposta de indicadores

Os indicadores propostos na metodologia são os financeiros e não-financeiros com dados coletados internamente, por meio da avaliação 360°, que abarca todos os envolvidos, e externamente por meio dos derivados dos capitais e aderência às ODS, de acordo com o detalhamento apresentado na metodologia.

6.5 Indicadores internos

Na proposta de projeto apresentada, todos os indicadores selecionados internamente estão de acordo com os modelos mais comuns das instituições de ensino, embasados pela cultura e em seu código de conduta ética – para aquelas que já possuem o código.

6.6 Indicadores externos

Os indicadores externos foram separados em dois momentos, os financeiros e não financeiros. Os indicadores sociais e ambientais também fazem parte do projeto, por apresentar integração com os Objetivos de Desenvolvimento Sustentável utilizados pelo Centro Universitário ENIAC em conjunto com o CITIG.

Indicadores Externos Financeiros

a. Capital financeiro

Conjunto de recursos que está disponível a uma organização para ser utilizado na produção de bens ou na prestação de serviços ou é obtido por meio de financiamentos, tais como dívidas, ações ou subvenções, ou gerado por meio de investimentos.

Na área financeira são observados os parâmetros de captação de alunos, conhecidos como processo de matrícula, de permanência e educação continuada:

- quantidade de alunos por área e por curso: esse indicador tem como proposta apresentar a sustentabilidade e desempenho de crescimento ao longo do tempo, possibilitando a comparação de números absolutos. O indicador tem como proposta apresentar a melhor apropriação dos custos diretos no processo de prestação de serviços atribuído a cada agente;

- valor do ticket médio: esse indicador tem como proposta avaliar o valor individual do aluno, calculado pelo total de receita prevista, dividido pelo número de alunos atual;
- taxa de EBTIDA: segundo Padoveze (2017), EBITDA (Earnings Before Interest, Taxes, Depreciation and Amortization), "[...] é um conceito de geração bruta operacional de lucro. Não considera os resultados não operacionais e adiciona ao lucro operacional as depreciações e amortizações. Trata-se, portanto, do lucro da operação acrescido das amortizações e depreciações (p. 465)". As informações para o cálculo do EBITDA são extraídas da Demonstração de Resultados do Exercício (DRE). Sua principal função é mensurar o potencial de geração de lucros; e
- taxa de crescimento: adaptado de Higgins (2014), a taxa de crescimento sustentável é a taxa de crescimento do total de alunos, multiplicado pelo *ticket* médio do período, subtraindo do total de alunos do período anterior e multiplicado pelo *ticket* médio anterior.

b. Capital manufaturado

Objetos físicos manufaturados (diferentes de objetos físicos naturais) disponíveis a uma organização para uso na produção de bens ou na prestação de serviços, incluindo:

- prédios;

- equipamentos; e
- infraestrutura (estradas, portos, pontes, etc.).

Indicadores externos não-financeiros

a. Capital humano

Representa as competências, habilidades e experiência das pessoas e suas motivações para inovar, incluindo: 1) seu alinhamento e apoio ao quadro de governança, abordagem de gerenciamento de riscos e valores éticos; 2) capacidade de entender, desenvolver e implementar a estratégia de uma organização; e 3) lealdade e motivação para melhorar processos, bens e serviços, incluindo a capacidade de dirigir, gerenciar e colaborar.

- propostas de total de colaboradores: esse indicador tem como proposta apresentar o total de pessoas necessárias para o desenvolvimento das atividades de acordo com o grau de competências e maturidade;
- colaboradores por segmento: esse indicador tem como proposta apresentar quantos colaboradores têm custos diretos e quantos são indiretos;
- colaboradores por aluno: esse indicador tem como proposta apresentar a melhor apropriação dos custos diretos e indiretos no processo de prestação de serviços atribuído a cada agente;

- índice de satisfação dos colaboradores: esse indicador tem como proposta mostrar de maneira direta o clima organizacional. Ao longo dos anos, chegou-se a um consenso sobre as propriedades básicas do clima organizacional, neste ponto, Hoy (2015) resume o acordo nos seguintes pontos: 1) o clima organizacional preocupa-se com grandes unidades, caracterizando as propriedades de uma organização inteira ou as subunidades principais; 2) o clima organizacional descreve uma unidade de organização em vez de avaliá-la ou indicar reações emocionais a ela; 3) o clima organizacional surge de práticas organizacionais rotineiras que se revelam importantes para a organização e seus membros; 4) o clima organizacional influencia os comportamentos e as atitudes dos membros; e
- investimento nos colaboradores: esse indicador tem como proposta a longo prazo preparar a empresa para que ela possa crescer.

b. Capital intelectual

São intangíveis organizacionais baseados em conhecimento, entre eles:

- Propriedade intelectual, tais como, patentes, direitos autorais, *software*, direitos e licenças; e
- Capital organizacional, tais como, conhecimento tácito, sistemas, procedimentos e protocolos.

Quadro 14: Relação de colaboradores por nível acadêmico

Colaboradores	Descrição
Gestão de pessoas	• Alinhar e gerenciar as ações relacionadas aos recursos humanos inseridos no projeto e gerar relatórios de indicadores.
Treinamento acadêmico	• desenvolver as políticas acadêmicas de treinamentos voltadas às metas e perfil do projeto.
Administração de talentos	• promover a integração entre o processo acadêmico a as práticas de estágio através do acompanhamento e controle de relatórios.
Inclusão profissional	• promover a transição entre o ambiente acadêmico e o profissional; administrar as oportunidades internas e externas no processo de inserção junto ao mercado.
Parcerias e relacionamentos	• promover a inclusão de novos parceiros ao projeto, bem como promover políticas de benefícios.
Cadastro e controle de parcerias	• realizar as atividades operacionais dos parceiros dentro da IES, possibilitando uma perfeita inclusão e satisfação deste parceiro.
Suporte corporativo a parceria	• disseminar o modelo de gestão desenvolvido dentro do Innovation; gerenciar as possíveis situações de divergências e conflitos.

Colaboradores	Descrição
Centro de práticas aplicadas	• promover a integração estrutural e acadêmica das práticas validadas do processo, pertinentes a cada curso desenvolvido junto ao projeto.
CRC	• promover suporte técnico e acadêmico aos voluntários ligados à célula
Museu	• promover suporte técnico e acadêmico aos voluntários ligados à célula.
Robótica	• promover suporte técnico e acadêmico aos voluntários ligados à célula.
Projetos	• promover suporte técnico e acadêmico aos voluntários ligados à célula.
Sustentabilidade	• promover suporte técnico e acadêmico aos voluntários ligados à célula.
Eventos	• promover suporte técnico e acadêmico aos voluntários ligados à célula.
Empreendedorismo acadêmico	• promover a integração entre práticas acadêmicas aplicáveis e novos desafios identificados junto às comunidades corporativas e urbanas. • validar através de pesquisa e estudos o **Laboratório de Pesquisas**, a partir das oportunidades trazidas pelas comunidades.
Projetos e protótipos	• desenvolver soluções estruturais de projetos e soluções validadas após estudo e pesquisas.

Colaboradores	Descrição
Gestão da inovação	• gerenciar as atividades desenvolvidas pelas estruturas organizacionais. • captar fomentos e recursos destinados à manutenção e crescimento do projeto. • promover condições favoráveis para a permanência destes parceiros e colaboradores dentro do projeto. • administrar e garantir que os recursos aplicados dentro deste projeto pelos doadores sejam aplicados de forma social e sustentável. • promover a prospecção desse modelo de gestão às empresas parceiras e coligadas ao SEE.

Fonte: ENIAC (2019)

c. **Capital natural**

Todos os recursos e processos renováveis e não renováveis que fornecem bens ou serviços e que apoiam a prosperidade passada, presente e futura de uma organização. Isso inclui:

- água, terra, minerais e florestas;
- a biodiversidade e a saúde do ecossistema;
- reúso de água da estação de tratamento: com a estação pudemos perceber o bem maior gerado para o ambiente, entre outros, na economia de água potável, sem descartar os reflexos financeiros, por meio de legislação de incentivo ao reúso de água;

- uso de energia renovável: entre outras características, destacamos: o mínimo custo de operação e manutenção; o sistema aeróbio de menor consumo relativo de energia, graças à sua concepção mecânica que exige apenas um pequeno conjunto motor redutor para seu bom funcionamento; dispensa do monitoramento constante do processo biológico pelo fato de proporcionar oxigenação constante e natural ao biofilme; as políticas de uso racional de água, que incluem a produção necessária para a certificação de LEEDs, aplicadas a construções que buscam sustentabilidade; e melhor uso dos recursos naturais; e
- economia com o prédio baseado no conceito de *Green Building* – com baixo impacto ambiental: a grande vantagem de um prédio baseado ness conceito está na economia gerada desde a sua construção até a manutenção.

d. Capital social e de relacionamento

Relacionamentos dentro e entre stakeholders e a capacidade de compartilhar informações para melhorar o bem-estar individual e coletivo. O capital social e de relacionamento abrange:

- padrões compartilhados, bem como valores e comportamentos comuns;
- relacionamentos com as principais partes interessadas, confiança e compromisso para construir e proteger as partes interessadas externas;

- intangíveis associados com a marca e reputação;
- alvará de funcionamento de uma organização;

e. Evolução do modelo de Gestão de Responsabilidade Social:

A Empresa Júnior foi criada para promover o desenvolvimento socioambiental dos processos acadêmicos da instituição. Com o fortalecimento do Centro Universitário junto ao mercado de trabalho e sua vocação para promover talentos, adotou a partir de 2011 um modelo alinhado com as necessidades do novo cenário profissional.

A empresa busca promover o desenvolvimento acadêmico aplicado, isto é, seu princípio está focado na inserção do cidadão de forma plena na relação instituição de ensino e mercado de trabalho, propiciando um crescimento quantitativo do voluntariado participante nesse processo.

O Centro Universitário acredita que a partir dessa nova diretriz seja possível criar uma capacitação diferenciada e crescente, como mostra a projeção abaixo:

- total de empresas parceiras: as empresas parceiras podem trabalhar com as Universidades em várias frentes como contratação de estágios, jovens aprendizes e práticas profissionais.
- total de bolsas de estudos: 1. a realização do ENEM (Exame Nacional do Ensino Médio) assegura um desconto de 61%, antes de sair a nota do candidato no exame. Caso a nota seja

maior que o percentual proposto, também é aumentado o valor da bolsa. Vale ressaltar que desde a edição de 2013, as notas do ENEM valem bolsas de estudos de até 100% no Centro Universitário; 2. enquanto o aluno estuda, o CredIES cobre parte da mensalidade durante a graduação. Essa opção pode ser acionada a qualquer momento do curso e os contratos são semestrais. É o crédito educacional em que o aluno paga 50% da mensalidade enquanto estuda e 50% depois de concluir os estudos, sem cobrança de juros e taxa administrativa; 3. o crédito Universitário PRAVALER pode ser utilizado por quem quer começar os estudos ou por quem já está na faculdade, tanto para cursos presenciais como EaD.

- total de projetos sociais: por meio de sua célula social *Innovation*, o Centro Universitário abre processo seletivo para conceder bolsas de até 100% a toda a comunidade.
- total de participação em programas de governo: 1. o FIES (Fundo de Financiamento Estudantil) é um programa do Ministério da Educação destinado a financiar a graduação na educação superior de estudantes matriculados em instituições não gratuitas; 2. o PROUNI (Universidade para Todos) também é um programa do Ministério da Educação que concede bolsas de estudo integrais e parciais (50%) em instituições privadas de ensino superior.

6.7 Análise das entrevistas

Nas entrevistas foram verificados principalmente os pontos de relevância de cada um dos capitais, tal como, a sua priorização no processo de definições de indicadores e utilização no momento de tomada de decisão.

Todas as questões foram elaboradas a partir dos capitais propostos no IIRC (2016) e direcionadas para facilitar o entendimento, a colocação em uso das mais diversas percepções e usabilidade de algumas informações.

O resultado geral pelos envolvidos no processo, profissionais de mercado, alunos, ex-alunos, professores, orientadores de projetos e por fim os pesquisadores que contribuem com todos os *stakeholders*, aponta para as informações do capital humano como um dos principais e mais importantes para o impacto social, pois a partir dele podemos avaliar os envolvidos em três momentos distintos e sua verdadeira influência.

O primeiro momento é do aluno ingressante, logo após a realização do vestibular, momento em que inicia o curso superior. O segundo é quando ele conclui o curso, isto é, está formado e já tem possibilidades de traçar mudanças. Por fim, o terceiro é na qualidade de egresso do curso (ex-aluno), fazendo a transformação no mercado profissional.

Outros resultados evidenciados pelos entrevistados apontam para um trabalho de desenvolvimento de resultados, tais como, os produtos e serviços na criação de projetos, pesquisa e patentes para a integração com o mercado e a solução de demandas por meio da realização de projetos acadêmicos ou elaboração de TCC (Trabalho de Conclusão de Cursos), monografia e dissertações focados em necessidades reais.

Além disso, também são evidenciadas as ações de integração de todas as necessidades de mercado com as atividades de reúso da água, de energias renováveis, reciclagens e tudo que trate cada vez melhor o meio ambiente com pessoas que possam utilizá-las em sua ascensão pessoal e profissional, por meio de parcerias, redes e associações.

Diante do cenário descrito por esse capital é possível avaliar o impacto social que os trabalhos e as atividades acadêmicas estão alcançando, principalmente, para a comunidade de Guarulhos, viabilizando a criação deste modelo de Relato Integrado com as informações adequadas para essa representação.

6.8 Discussões

Todo o trabalho realizado até este momento, foi focado na apresentação dos resultados de três produtos muito importantes e complementares, sendo eles, 1. a atualização do código de conduta e de ética, já conectado com todas as informações gerais, com atualização a partir deste instrumento; 2. a proposta efetiva do modelo do RI-IES (Relato Integrado de uma Instituição de Ensino Superior), com dados de avaliações quantitativas em todos os capitais, como as qualitativas que demonstram o impacto social e de relacionamento; e 3. a integração social com as atividades com ESG, empresas que respeitam o *Triple Boton Line* e a correspondência com os ODS (Objetivos de Desenvolvimento Sustentável).

a. Conclusão do Código de Ética

O "Código de Ética ENIAC" foi concebido com o objetivo de tornar clara a missão, a visão, os princípios e os valores da Instituição ENIAC na relação com todas as suas partes interessadas.

O documento busca reunir práticas e interpretações sobre as situações mais frequentes em atividades de rotina no ambiente educacional, a fim de tornar uma referência de excelência na capacitação profissional, difusão cultural e um catalisador no progresso e no desenvolvimento da sociedade.

b. Conclusão da proposta do RI (Relato Integrado)

Para o desenvolvimento desta proposta temos dois tópicos que serão considerados, conforme a descrição que segue:

b.1) Implantar um Relato Integrado em um Centro Universitário baseado em informações regulatórias, comparando e posicionando o Centro Universitário em relação às demais IES brasileiras.

b.2) Apresentar como possibilidade futura a comparação de dados relevantes integrados entre os capitais do Relato Integrado, de uma instituição de ensino nacional e outra de países diferentes buscando fazer uma real medição.

6.9 Proposta de Relato Integrado para Instituição de Ensino Superior

Esta proposta de estrutura vai apresentar os pontos de maior relevância para a elaboração do primeiro Relato Integrado em uma Instituição de Ensino Superior, sendo composta por quatro grandes grupos: 1. a escola, 2. a infraestrutura, 3. os principais efeitos e 4. os desafios, evidenciando as informações que serão levantadas, analisadas e consolidadas.

Grupo 1 – a escola

A Instituição de Ensino que começa apresentando e contando a história da sua realidade, principalmente com o foco no tripé, também conhecido como *Triple Botton Line*, que envolve o mercado, o poder público, e a instituição de ensino.

Grupo 2 – a infraestrutura

A estrutura para o desenvolvimento das atividades e demandas de todos os processos requer ações multidisciplinares que são atingidas por meio da integração de todas as escolas, como por exemplo, "Gestão e Negócios", "Tecnologia e TI", "Construção e Arquitetura", "Engenharias e Indústria", "Educação", "Saúde" e "Direito".

Grupo 3 – os principais efeitos

1. um dos principais pontos de diferenciação e impacto social é a disponibilização das atividades que são realizadas nas dependências da instituição e disponibilizadas à comunidade; 2. mapear a disponibilização dos ambientes como os "FabLabs" e "Media Labs"

como o próprio Centro de Informação, com as estruturas e metodologias já descritas; 3. por fim, a participação de *Hackathon* e demais competições.

Grupo 4 – os desafios

1. o grande desafio é a implantação do Mapa Estratégico com todas as trilhas e atividades com que se deve buscar a integração do ecossistema; 2. desenvolver por meio das atividades acadêmicas, projetos que atendam as demandas da sociedade e dos clientes da região; 3. trabalhar com as empresas dando suporte e auxiliando na atualização de seus processos e atividades na busca de inovação; 4. por fim, o desenvolvimento e a capacitação de pessoas.

Dessa forma é apresentada a seguinte proposta de estrutura de Relato Integrado a IES, conforme descrição abaixo:

PROPOSTA DE ESTRUTURA

1. Página de apresentação
2. Relação das Pessoas
    2.1. Reitoria e Pró-reitorias
    2.2. Conselho Administrativo
    2.3. Organização
    2.4. Parceiros
3. Sumário
4. Mensagem do Presidente
5. Sobre o Relato Integrado
    5.1. Prefácio

5.2. Introdução

6. Cenário Atual

7. Quem Somos

7.1. Desenho do Grupo

8. Governança e transparência

8.1. Fatores de Base

8.1.1. Risco

8.1.2. Integridade e ética

8.1.3. Código de Conduta

8.2. Estrutura do Relato Integrado

8.2.1. Estágio 01

- Ambiente externo e *stakeholders*:

Neste estágio os alunos podem avaliar qual a sua contribuição por meio do desenvolvimento de projetos de aplicação real no mundo produtivo e governamental.8.2.2. Estágio 02

- Proposta de valor dos seus *stakeholders*:

Neste estágio o mercado tem condições de avaliar o impacto que as atividades da instituição de ensino produzem para melhorias e inovações, gerando cada vez mais valores agregados à formação e processo produtivo.

8.2.3. Estágio 03

- Processos internos a suas estratégias:

Neste estágio a instituição de ensino tem condições de utilização dos seus indicadores para melhorar seus resultados e conhecer os impactos que estão sendo gerados em sua região, trabalhando estrategicamente na busca dos melhores resultados financeiros e não financeiros.

8.2.4. Estágio 04

- Painel integrado:

Este é um estágio muito importante, pois há condição de gerar *links* entre os indicadores financeiros e não financeiros, verificando se os resultados de impacto social também refletem em outros indicadores.

8.2.5. Estágio 05

- Relatórios para melhorar o diálogo com os investidores:

Por último, este estágio traz maior transparência das informações que estão sendo trabalhadas e geradas por meio do Relato Integrado, pois aqui temos dados sociais, ambientais e financeiros, sendo útil aos alunos para decidir cursos e escolas, para as empresas na definição de futuras parcerias e principalmente, para a instituição que terá desenhado a sua total relevância na região.

9. Pessoal

- Quantidade, escolaridade e experiência dos Colaboradores

- Trabalhos voluntários
- Empresas parceiras

10. Comunicação
    - Imprensa
    - Redes Sociais
    - Trabalho com a família (Comunidade)
11. Ações
    - Região
    - Nacional
    - Polos
    - Formação e Egressos
    - Áreas de Atuação
12. Plataformas

INFRAESTRUTURA

- Escolas e Contribuições de cada Escola
- Gestão e Negócios
- Tecnologia e TI
- Construção e Arquitetura
- Engenharias e Indústria
- Educação
- Saúde
- Direito
- Laboratórios

PRINCIPAIS REALIZAÇÕES

- Competições
- Media Lab e FabLab
- Centro de Inovação
- Produtos

DESAFIOS E METAS

- Mapa Estratégico
- Sociedade e Cliente
- Financeira
- Processos Internos
- Gestão de Pessoas

6.10 Conclusão Integração Social ESG e ODSs

Com esta integração busca-se, cada vez mais, melhorar a qualidade das informações que impactam na comunidade local efetivamente com a apresentação de indicadores qualitativos que possam ser mensurados de forma mais clara.

a. ESG ou ASG

ESG é uma sigla em inglês representativa das palavras *Environmental, Social e Corporate Governance,* que no português, significam Ambiental, Social e Governança, ou seja, ASG.

As principais ligações com o Relato Integrado são o compromisso com os três grandes fatores das empresas, não somente o capital financeiro, o que auxilia muito na montagem do valor percebido da instituição e que em sua proposta traz a ideia de boas práticas.

Assim, com o Relato Integrado é possível conectar indicadores que possam ser mensurados a cada um desses pontos e apresentá-los à sociedade de uma forma mais simples e explícita.

b. Governança

O que facilitou o processo de estudo dos dados, neste caso, foi o fato de a instituição já possuir a Governança Corporativa. Ela apresenta certa organização dos dados coletados e a partir desse, poderá fazer uso da ferramenta de RI e indicadores específicos conforme propostos no modelo.

É relevante falar que a instituição vem atuando nesse cenário desde 2012, com a construção do seu prédio no conceito de soluções sustentáveis, construção possuidora da certificação *Green Building*, o que possibilitou e ainda possibilita que o Centro Universitário trabalhe com a responsabilidade social e ambiental como parte do seu DNA.

CAPÍTULO 7

Considerações finais

As considerações simplificadas em tópicos, com o processo de estudo que apresenta a metodologia de desenvolvimento do Relato Integrado, a proposta de composição dos dados, as limitações que apresentam esta pesquisa e as recomendações de futuros trabalhos que envolvam o tema estão detalhadas em cada um dos pontos a seguir.

Este estudo teve como objetivo principal aplicar uma metodologia baseada no Relato Integrado em Instituições de Ensino Superior com o propósito de comparar o resultado pelo rendimento dos impactos que são oriundos das ações dos seus alunos enquanto cursam e desenvolvem projetos, tal como egresso, os formados que atuam na região fazendo a diferença tanto de forma profissional, comportamental e de sustentabilidade em relação ao socioambiental.

Os objetivos propostos foram atingidos na apresentação metodológica com o resultado das pesquisas descritivas, levantamento dos censos do ensino superior e análise de dados obtidos interna e externamente.

A revisão da literatura apresenta modelos tradicionais de verificação quantitativa e qualitativa por meio de estatísticas produzidas pelo Ministério da Educação e uso das ferramentas citadas na metodologia. As ferramentas que são utilizadas hoje avaliam o capital financeiro de forma eficiente, porém não o cumprem efetivamente na avaliação dos demais capitais, principalmente os de impacto socioambiental.

Com a estruturação proposta pelo Relato Integrado, os elementos de estudo e de levantamento de dados para a realização do relatório de prestação de contas se tornam viáveis, pois facilitam o entendimento de todos os que estão envolvidos na Instituição de Ensino, os *stakeholders*, com foco principal nos três elementos que são do poder público, o mercado de trabalho e as indústrias e também as demais Instituições de Ensino.

A entrevista roteirizada facilitou visualizar os indicadores que são considerados relevantes pelos *stakeholders* dentro de todos os capitais que foram parametrizados pelas técnicas do Relato Integrado pelas quais os dados são classificados, além de poderem ser orientados pelos conceitos do ESG, que corresponde s empresas com responsabilidades Ambiental, Social e de Governança Corporativa e, principalmente, os ODS (Objetivos de Desenvolvimento Sustentáveis) como referência de impacto na sua própria região.

Os resultados apresentados no formato de Relato Integrado simplificam muito o entendimento de todos os envolvidos, podendo ser avaliações em geral, no planejamento estratégico para sua melhoria contínua e no desenvolvimento de ações cada vez mais sustentáveis.

Os colaboradores para o desenvolvimento dos indicadores que foram mapeados e sugeridos na metodologia foram envolvidos em um conceito de avaliação 360° trazendo de forma relevante todas as informações de base que são transformadas e contribuem com a sua avaliação e resultado.

A abrangência e a relevância do relatório são efetivas, pois no momento que for validado por todos os envolvidos, cria-se uma estrutura muito sólida por ser participativa a sua elaboração.

Para este estudo de caso, tomou-se como referência o CITIG (Centro de Inovações Tecnológicas de Guarulhos), um Centro Universitário da Grande São Paulo, o que restringe a possibilidade de uma análise comparativa com outras Instituições de Ensino Superior.

Desta forma, é relevante expandir as pesquisas com indicadores de impactos relacionados, possibilitando essa condição de comparações nesses quesitos. Assim, recomendamos para trabalhos futuros: "identificar e demonstrar os indicadores financeiros eficientes, juntamente com indicadores sociais de mudanças e evoluções relevantes na região"; "comparar instituições de países diferentes, a fim de verificar os indicadores ambientais, sociais e econômicos ou financeiros".

REFERÊNCIAS

AARON, R.; MARYLOU, T. **Receita previsível:** *Predictable Revenue*. Como implantar a metodologia revolucionária de vendas *outbound* que pode triplicar o resultado da sua empresa. Trad. AMARAL, C.P.S. Belo Horizonte/São Paulo: Autêntica business, 2017. Disponível em: https://www.academia.edu/40107293/Receita_Previsivel. Acesso em: 14 fev. 2021.

ABNT Associação Brasileira de Normas Técnicas. **NBR 1600**. Brasil, 2004.

ÁLVA\, E.; GIACOMETTI, C.; GUSSO, E. **Governança Corporativa.** Rio de Janeiro: Elsevier, 2008.

ANTONIK, L.R. **Compliance:** Ética, Responsabilidade Social e Empresarial, uma visão prática. Rio de Janeiro: Alta Books, 2016.

BARROS, A.N.F. *et al.* O impacto do Relato Integrado as empresas participantes do programa piloto no Brasil. **Revista de Contabilidade da UFBA.** Salvador: Bahia, v.12, n.3, p. 43-64, set./dez. 2018. Disponível em: https://periodicos.ufba.br/index.php/rcontabilidade/article/view/26696. Acesso em: 07 nov. 2021.

BRASIL. **Conselho Nacional do Meio Ambiente.** Resolução n.º 009, de 03 de dezembro de 1987. Dispõe sobre a realização de Audiências Públicas no processo de licenciamento ambiental. 1987. Disponível em: https://cetesb.sp.gov.br/licenciamento/documentos/1987_Res_CONAMA_9.pdf. Acesso em: 07 nov. 2021.

BRASIL. **Conselho Nacional do Meio Ambiente.** Resolução nº 001, de 23 de janeiro de 1986. Dispõe sobre critérios básicos e diretrizes gerais para a avaliação de impacto ambiental. 1986. Disponível em: http://www.ima.al.gov.br/wizard/docs/RESOLU%C3%87%C3%83O%20CONAMA%20N%C2%BA001.1986.pdf. Acesso em: 24 nov. 2021.

BRASIL. **Constituição da República Federativa do Brasil de 1998.** Brasília: Senado Federal, 1988. Disponível em: http://www.planalto.gov.br/ccivil_03/constituicao/constituicao.htm. Acesso em: 24 nov. 2021.

BRASIL. IBGE Instituto Brasileiro de Geografia e Estatística. Censo 2019.

BRASIL. **Lei nº. 10.257, de 10 de julho de 2001.** Regulamenta os arts. 182 e 183 da Constituição Federal. Estabelece diretrizes gerais da política urbana e dá outras providências. 2001. Disponível em: http://www.planalto.gov.br/ccivil_03/leis /LEIS_2001/L10257.htm. Acesso em: 27 nov. 2017.

BRASIL. **Lei nº. 6.938, de 31 de agosto de 1981.** Dispõe sobre a Política Nacional do Meio Ambiente, seus fins e mecanismos de formulação e aplicação, e dá outras providências. 1981. Disponível em: http://www.planalto.gov.br/ccivil_03/leis/l6938.htm. Acesso em: 24 nov. 2021.

BRASIL. Ministério do Meio Ambiente. **Caderno de licenciamento ambiental**. Brasília: MMA, 2009.

BRASIL. Ministério do Trabalho e Previdência. **Cartilha Para Esclarecer Dúvidas.** Disponível em: https://www.gov.br/trabalho-e-previdencia/pt-br/noticias-e-conteudo/repositorio-de-noticias-trabalho/trabalho/ultimas-noticias/ministerio-do-trabalho-lanca-cartilha-para-esclarecer-duvidas-da-rais. Acesso em: 22 ago. 2020.

CALIFE, F.; FRANÇA, V. **Gestão Financeira de pequenos negócios:** desafios e oportunidades. Disponível em: https://ibefsp.com.br/gestao-financeira-de-pequenos-negocios-desafios-e-oportunidades/. IBEF: São Paulo, 2012. Acesso em: 07 nov. 2021.

CARVALHO, N.; KASSAI, J. R. Relato Integrado e o Formato da Informação Financeira para Evidenciar a Criação de Valor das Empresas do Programa Piloto. **ANPAD SPELL** 38. Rio de Janeiro, 2014.

COMISSÃO BRASILEIRA DE RI. **Estrutura Internacional para o Relato Integrado**. 2013. Disponível em https://relatointegradbrasil.com.br/. Acesso em: 11 out. 2020.

CONSELHO FEDERAL DE CONTABILIDADE.**NBC T 15 - Informações de Natureza Social e Ambiental**. Disponível em https://www2.cfc.org.br/sisweb/sre/detalhes_sre.aspx?Codigo=2004/001003&arquivo=Res_1003.doc. Acesso em: 07 nov. 2021.

DISTRIBUIÇÃO logística, a grande vocação de Guarulhos. JLL Imóveis. Publicado em 21/11/2016. Disponível em: https://www.jll.com.br/pt/tendencias-insights/investidor/distribuicao-logistica-a-grande-vocacao-de-guarulhos. Acesso em: 22 ago. 2020.

ENIAC. **Manual da Qualidade**. Centro Universitário ENIAC: Guarulhos, 2019.

FERREIRA, C.I. **Corporative Governance:** Manual Teórico e Prático, Auditoria, Direito e Responsabilidade Social Empresarial. Juruá: Curitiba, 2018.

FONTES FILHO, J. R.; LEAL, R.P.C. **Governança corporativa em empresas familiares**. São Paulo: Saint Paul, 2011.

GITMAN, L. J.; ZUTTER, C.J. **Princípios de Administração Financeira**. São Paulo: Pearson, 2018.

GONÇALVES, J. A. P. **Alinhando Processos, Estrutura e *compliance* à Gestão Estratégica**. São Paulo: Atlas, 2012.

GRI Global Reporting Initiative. **Relatório de Sustentabilidade 2016**. Disponível em https://www.globalreporting.org/. Acesso em: 22 ago. 2020.

GUARULHOS (Prefeitura de). **Caderno Econômico de Guarulhos:** Mercado de Trabalho, Comércio Exterior, Receita Orçamentária, Movimento Aeroportuário e Entrevistas com Lideranças Empresariais. 7. ed. junho 2020. Disponível em: https://www.guarulhos.sp.gov.br/sites/default/files/file/arquivos/CADERNO_ECONOMICO_21X28CM_EDICAO7_2020_WEB.pdf. Acesso em: 22 ago. 2020.

GUARULHOS (Prefeitura de). **Estatísticas e geografia**. Disponível em: https://www.guarulhos.sp.gov.br /estatisticas-e-geografia. Acesso em: 22 ago. 2020.

GUARULHOS. SDCETI Secretaria de Desenvolvimento Científico, Econômico, Tecnológico e de Inovação de Guarulhos. **5 Caderno Econômico de Guarulhos:** Mercado de trabalho, Comércio exterior, Ciência e Tecnologia, Aeroporto e Turismo. 5. ed. março 2019.

Disponível em: https://www.guarulhos.sp.gov.br/sites/default/files/file/arquivos/CADERNO%20ECON%C3%94MICO%205%C2%AA%20EDI%C3%87%C3%83O%20R1.pdf. Acesso em: 22 ago. 2020.

HIGGINS, R.C. **Análise para administração financeira [recurso eletrônico]**. Trad. Equipe Bookman. 10. ed. Dados eletrônicos. Porto Alegre: AMGH, 2014.

HOFFMANN, R.; NEY, M.G. A recente queda da desigualdade de renda no Brasil: análise de dados da PNAD, do Censo Demográfico e das Contas Nacionais. **Econômica.** Rio de Janeiro, v. 10, n. 1, p. 7-39, jun. 2008.

HOY, W.K. **Administração educacional:** teoria, pesquisa e prática [recurso eletrônico]. Trad. Henrique de Oliveira Guerra; revisão técnica Márcia Rosiello Zenker. 9 ed. Porto Alegre: AMGH, 2015.

Brusca, I.; Labradora, M; Manuel, Larranb (2020), Journal of Cleaner Production; The challenge of sustainability and integrated reporting at universities: A case study; https://www.sciencedirect.com/science/article/abs/pii/S0959652618309727 Acesso em: 18 nov.2020.

IBGC Instituto Brasileiro de Governança Corporativa. Nome do artigo/documento que foi acessado e data public 2013. Disponível em https://www.ibgc.org.br/. Acesso em: 22 ago. 2020.

KELLER, K.L. Conceptualizing, measuring, and managing customer-based brand equity. **Journal of Marketing**, 57, 1-30, 1993.

MANTOVANI, F. R. *et. al.* Relato integrado: uma análise da evidenciação dos capitais de uma empresa brasileira de grande porte. **Redeca – Revista Eletrônica do Departamento de Ciências Contábeis & Departamento de Atuariais e Métodos Quantitativos da FEA.** São Paulo, v.4, n.1, p. 30-45, jun. 2017.

NAÇÕES UNIDAS BRASIL. **Como as Nações Unidas apoiam os Objetivos de Desenvolvimento Sustentável no Brasil.** 2016. Disponível em: https://brasil.un.org/pt-br/sdgs/. Acesso em: 14 fev. 2021.

OLIVEIRA, L.O. **Gestão estratégica de recursos humanos**. 2. ed. Porto Alegre: Sagah, 2017.

PADOVEZE, C.L. **Contabilidade Gerencial:** um enfoque em sistema de informação contábil. 7 ed. São Paulo: Atlas, 2017.

REIS, F.G. **Organizações sustentáveis na educação superior:** (re) pensando a gestão acadêmica para aumentar a competitividade. São Paulo: SEMESP, 2017.

SALAMANCA-LOPEZ, D.Y.; SUÁREZ-RICO, Y.M.; GIMERO-RUIZ, M.A. Explorando la divulgación de información integrada por universidades colombianas. Un análisis de páginas web basado en el marco del IIRC. **Revista Contaduria**. Medellín: Colômbia. n.79, p. 161-192, jul. dez. 2021.

SANTOS, F.A.; SANTOS, N.M.B.F. (Org.). **Experiências corporativas:** pesquisa em governança e sustentabilidade. São Paulo: Livrus, 2016.

SANTOS, F.A.; GALEGALE, N. V. (Org.). **Pesquisas Contemporâneas em Contabilidade:** uma visão globalizada e sistêmica. São Paulo: Livrus, 2018.

SANTOS, F.A. Ética Empresarial: Políticas de responsabilidade social em 5 dimensões. Sustentabilidade, respeito a multicultura, aprendizado contínuo, inovação, governança corporativa. São Paulo: Atlas, 2015.

SANTOS, F.A.; GONCALVES, L. C.; SILVA, O. R. (Org.). **Experiências corporativas em sustentabilidade e responsabilidade social**. São Paulo: Baraúna, 2015. v.1.

SANTOS, A.; FREIRE, F.S.; MALO, F.B.O. **Balanço Social no Brasil:** gênese, finalidade e implementação como complemento às demonstrações contábeis. Rio de Janeiro: ANPAD, 1998.

SOUZA, H. Empresa pública e cidadã. **Folha de S.Paulo.** Caderno Mercado. 26/03/1997. Disponível em: http://www.celebrarbetinho.org.br/wp-content/uploads/2017/07/Empresa-p%C3%BAblica-e-cidad%C3%A3.pdf. Acesso em: 07 nov. 2020.

STEIN, R.T. **Licenciamento Ambiental.** Porto Alegre: Sagah, 2017.

TINOCO, J. E. P. **Balanço Social:** uma abordagem da transparência e da responsabilidade pública das organizações. São Paulo: Atlas, 2001.

WEBER, M. ***Compliance* e responsabilidade empresarial:** Medidas Anticorrupção à Luz dos Sistemas Jurídicos do Brasil e dos Estados Unidos. Curitiba: Juruá, 2018.

ZARPELON, M.I. **Gestão e Responsabilidade Social:** NBR 16.001/SA 8.000: Implantação e Prática. Rio de Janeiro: Qualitymark, 2006.